7~8岁叛逆期，妈妈要懂的心理学

岳贤伦 —— 著

H.P.H 哈尔滨出版社
HARBIN PUBLISHING HOUSE

图书在版编目（CIP）数据

7~8岁叛逆期，妈妈要懂的心理学 / 岳贤伦著.—
哈尔滨：哈尔滨出版社，2012.4（2021.11重印）
ISBN 978-7-5484-0912-0

Ⅰ. ①7… Ⅱ. ①岳… Ⅲ. ①家庭教育—教育心理学
Ⅳ. ①G78

中国版本图书馆CIP数据核字（2012）第012586号

书　　名：7~8岁叛逆期，妈妈要懂的心理学
7~8 SUI PANNI QI, MAMA YAO DONG DE XINLIXUE

作　　者：岳贤伦　著
责任编辑：尉晓敏　李维娜
特约编辑：李异鸣　杨　肖
责任审校：李　战
封面设计：沈加坤

出版发行：哈尔滨出版社（Harbin Publishing House）
社　　址：哈尔滨市香坊区泰山路82-9号　　邮编：150090
经　　销：全国新华书店
印　　刷：天津文林印务有限公司
网　　址：www.hrbcbs.com
E-mail：hrbcbs@yeah.net
编辑版权热线：（0451）87900272　87900273
销售热线：（0451）87900202　87900203

开　　本：787mm×1092mm　1/16　印张：18　字数：357千字
版　　次：2012年4月第1版
印　　次：2021年11月第2次印刷
书　　号：ISBN 978-7-5484-0912-0
定　　价：46.00元

前言 Foreword

孩子的成长，一般都要经历三个叛逆期，即：二三岁时的“宝宝叛逆期”、七八岁时的“儿童叛逆期”、十二岁以后的“青春叛逆期”。其中，七八岁时期是最令人头疼、最讨人嫌的叛逆期，正如俗语所说：“七岁八岁讨人嫌，惹得小狗不待见。”

在五六岁的时候，孩子可能还很听话，我们说什么可以玩，他们就去玩，什么可以做，他们才去做，走到哪儿都招人喜欢，这让很多妈妈心里乐滋滋的，甚至还庆幸自己生了一个听话的乖宝宝，这下可以省省心了。但没想到的是，到了七八岁，乖宝宝却来了一个惊天大逆转，变成了一个十足的“问题”儿童，每天弄得我们焦头烂额、心力交瘁！随时都要打起十二分的精神，拿起十八般武器，与他们斗智斗勇。

原来很懂礼貌的孩子，却突然出现数不胜数的毛病。例如，爱胡搅蛮缠，知错不认错，只爱听表扬，爱狡辩、找借口，见人不打招呼，做事拖拉、磨蹭……很多个人行为习惯也变得让人无法忍受：睡觉前不刷牙，爱睡懒觉，早上起来从不叠被子；吃饭时总是满嘴流油、满桌饭粒，碰上爱吃的菜，就像是饿极了的猫见到老鼠一样，骨头都剩不下；不爱干净，走到哪儿，无论地上是不是干净，就一屁股坐了下去，不管是衣服上，还是书包上，总是左一块鼻涕、右一点污渍……

每天为大人制造出来的困难，一个比一个更有挑战性。什么是错的、不被允许的、危险的、缺德的，他们虽然都很明白，却总是抱着侥幸的心理，屡屡尝试，屡屡要跟我们拧劲儿干，一定要把东西弄碎弄坏，一定要把事情搞乱搞砸……他们希望自己可以自由自在、无法无天：玩电脑，最好是没有时间限制；不去上课，不做作业，最好是没有人过问；想吃饼干时，最好是可以撑到肚子装不下……

每天随口而出的问题，会像迸豆儿似的，一个接着一个没完，总让人应接不暇，焦头烂额，弄得我们一会儿上网查这个查那个，一会儿又捧着《百科全书》找“花儿为什么这样红”“我们离太阳有多远”……最后弄得我们都要“上晓天文，下知地理”了！

对于孩子的叛逆行为，很多父母采取的是硬碰硬的方式，对孩子只是简单地训斥、打骂，而这样做的结果，最后不仅没有起到应有的作用，反而让他们的叛逆心理变得更加强烈。七八岁的孩子，对世界万物都充满着好奇，随着活动范围的扩大，他们的自我意识慢慢觉醒，认识事物的能力也在逐渐提高，他们感到有些事情自己可以做主了。但是，很多父母却无视孩子的成长，总是把孩子当成婴儿，这也不让做，那也不让做，比如孩子想给花儿浇水，我们怕孩子打破花盆不让；孩子想自己洗袜子，我们担心孩子弄湿衣服不准……正是因为父母这也不许、那也不准的强硬态度，导致孩子产生更强的逆反心理，这也是造成孩子叛逆的原因之一。

虽然，孩子的叛逆心理让我们头疼不已，但我们也不能否认它也有积极的一面。叛逆心理包含着一些积极的心理品质，比如勇敢、自我意识强、有闯劲、能创新等。因此，我们一定要认清孩子叛逆行为的合理性和利、弊双面性，并采取正确的方法，合理引导，逐步改变他们的叛逆行为。

鉴于此，本书从多个角度，以生动个案为例，结合相关心理学知识，对孩子的生活习惯、个性特点、心理变化、认知学习、父母关系、人际交往、娱乐活动等几大方面的叛逆行为，进行了透彻的心理学分析，并提供了切实可行的解决方法，以帮助家长解决孩子的叛逆问题，使他们能够健康、快乐地成长。

目录
Contents

083 第三章
耐心疏导，培养孩子健康人格

133 第四章
期望适中，让孩子快乐学习

169 第五章
慈严并用，构建和谐亲子关系

第一章

纠正不良习惯，让孩子受益一生

几乎每个孩子都爱吃零食

叛逆期案例

小伟是一个二年级的男孩，学习成绩不错，平时也比较听老师和父母的话，但他有一个不良习惯，就是特别喜欢吃零食。

家里的零食自然是不断，冰箱里塞满了薯片、虾条、巧克力和可乐等。小伟一放学回到家就打开冰箱，左手一袋，右手一袋，津津有味地吃起来。每次妈妈都会劝说他："乖儿子，一会就要吃饭了，别吃那么多零食了。"可是小伟哪管什么时候吃饭，只知道现在就要过嘴瘾，再说了，妈妈做的饭哪有零食美味？所以任凭妈妈怎么劝说，他就是不听，妈妈也拿他没办法，只能逐渐减少零食的供应量。但是问题又出来了，妈妈减少了从超市给他购买的零食，他却用自己的零花钱购买了更多的零食。平时总不能不给他零花钱吧？妈妈真的感到很为难。

小伟他们学校周边有很多小门面和小卖部，经常被学生围得水泄不通，那里炸肉串、炸鸡翅、煎香肠、炸臭豆腐、珍珠奶茶等小吃应有尽有，每当放学的时候这些小吃都供不应求。这些小吃店和小卖部极大地满足了小伟的胃口，尽管妈妈对他说路边的小吃不卫生，尽量不要吃，可是小伟哪能抵挡得了这些食品的诱惑呢？几乎每次放学回家前，他都要在那儿吃个够才回来。

妈妈只好缩减小伟的零花钱，但小伟总会“巧立名目”，把减少的零花钱再要回来。为此，妈妈真是伤透了脑筋。

妈妈要懂的心理学：孩子吃零食吃的是味道和感觉，妈妈要注意帮他控制和选择

孩子爱吃零食这几乎成了各个年龄段孩子的共性，那么孩子为什么爱吃零食呢？综合来讲，孩子爱吃零食是由多方面的原因造成的。我们分别从生理和心理的角度来分析一下。

从生理方面来讲，七八岁的孩子正处于长身体的关键时期，这个阶段孩子的活动量较大，而且在校读书脑力劳动也很活跃，所以身体对营养的需求量就很大，孩子往往还没有放学就已经饥肠辘辘了。因此，放学后孩子迫不及待地飞出教室，直奔小吃摊，或者放学回到家后不等妈妈做饭就打开冰箱或橱子找吃的。当然，零食的美味和多样化也极大地刺激了孩子的嗅觉和味觉，比如大部分零食在制作时都在口味上下了很大工夫，甚至有些零食不惜为此加入增味剂，这些味道鲜美的零食自然比妈妈一成不变的饭菜更能引起孩子的食欲。

从心理的角度来讲，孩子吃零食也是出于一种习惯，比如小时候已经养成了爱吃零食的习惯，升入小学后这种习惯没有得到纠正，而且有愈演愈烈之势。另外，孩子之间吃零食的行为也会传染，别的孩子买什么好吃的，自己也想买什么好吃的，甚至有时还会形成一股攀比之风。如果一个孩子比别的孩子买的零食花样多，他就会感觉良好，尤其是七八岁的孩子在这方面特别喜欢吹嘘或标榜自己。所以，孩子吃零食有时候也是在追求一种自我感觉。

那么如何看待孩子吃零食这件事情呢？简而言之就是要一分为二地看待，让孩子有选择地吃零食，合理地吃零食。孩子吃零食往往注重口味，只要合自己的口味，几乎什么零食都吃，不加选择。但是从营养和健康的角度来讲，有一些零食是不适合孩子吃的，比如一些高脂肪、高热量的食物，这些食物容易导致孩子发胖。另外，一些油炸食品还含有少量致癌、致病物质或毒素，这些东西对身体健康十分不利。七八岁的孩子对此知之甚少，所以家长要注意帮助孩子选择。当然，并非所有的零食都不能吃，诸如水果、薯类以及酸奶之类的食品含脂肪、盐分和糖分较低，适量食用则能补充人体所必须的营养素，促进人体的健康成长。

叛逆期方法指导

方法一：给孩子讲明乱吃零食的危害，让孩子自觉远离不良零食

正常的一日三餐基本上能满足孩子日常的营养所需，但由于孩子正处于生长发育的关键时期，用零食来补充一些营养也是有必要的。主观上来讲，几乎每个孩子都爱吃零食，因为零食能给他们带来味觉上的刺激和愉悦的心理感受。但是不加选择地吃零食或者在不适当的时候吃零食都会对身体造成危害。一般而言，水果、蛋、奶类零食对孩子的身体健康比较有益，而一些油炸、干制类食品大多含有一定量的食品添加剂，常吃或多吃会对身体健康造成一定的危害。比如街头的一些小摊贩出售的油炸类食品大多不符合卫生标准，细菌超标、含有毒素等，对孩子的身体健康危害很大。在时间上，看电视时最好不要让孩子边吃边看，在睡觉前半小时尽量也不要吃零食，否则会对肠胃健康有负面影响。七八岁的孩子已经有了一些辨识能力，如果家长能够向孩子讲明乱吃零食的危害，那么相信他会作出正确的选择。

小刚是三年级的一个男孩，他特别喜欢吃学校门口摊位上的炸臭豆腐，几乎每天放学后都要买上几块吃，妈妈劝说了他很多次，他都不听，这让妈妈很无奈。

有一次妈妈在电视上看到一则新闻，说某地十多家臭豆腐制造工厂为增加豆腐的臭味，竟用粪水腌制，做好的豆腐还要用布包好埋在粪堆里……原来某些地方热卖的臭豆腐竟是以化学染料、馊水、污水，甚至粪水加工制成，真是让人恶心至极。

妈妈看了这个新闻后，虽然对是否告诉孩子有所顾虑，但为了孩子的健康着想，还是在放学后把这个消息告诉了小刚，小刚听后以为妈妈在骗他，妈妈又从网上找到相关新闻。当小刚看到新闻和图片的一刹那，当时就吐了，此后他再也不吃路边的炸臭豆腐了。

尽管这种方法有些直白和极端，但是对于痴迷于炸臭豆腐“美味”的小刚来说，也不失为一种有效的办法。相反妈妈如果对小刚隐瞒事实，不仅不利于小刚放弃不卫生的零食，也是对小刚身体健康不负责任的。

方法二：让孩子养成定时饮食的习惯，按时为孩子备好三餐

孩子喜欢吃零食的一个重要原因就是饮食不规律。为什么饮食不规律会让孩子变得爱吃零食呢？我们通过举例来说明，比如，中午孩子放学后妈妈还没来得及做饭，那么饥肠辘辘的孩子就会到处找吃的，当他吃了一通后，妈妈才把饭菜端上桌子，然而此时的孩子已经吃零食吃饱了，或者已经吃了半饱了，只好在妈妈的劝说和逼迫下勉强吃一些饭菜。但是，毕竟正餐才是主要的食物来源和营养来源，由于正餐摄入食物量不够，孩子很快就又饿了，而这时还没有到晚餐时间，于是他只好再次吃零食缓解饥饿感，而到吃晚餐的时候他又不饿了……如此便形成了一种恶性循环。这种恶性循环导致孩子吃的正餐越来越少，而吃的零食却越来越多，长此

以往便会形成一种习惯，甚至使孩子对零食产生依赖性。

所以，家长平时一定要让孩子养成良好的饮食习惯。首先要按时给孩子做饭，即便没有及时做饭，也要让孩子稍微等待一会儿，尽量不要让他吃零食补充身体所需。如果孩子非吃不可，也要让他适当控制量，避免一次吃个饱。当然，饭前饭后可以适当让孩子吃一些对身体有益的零食，比如水果类等富含维生素和纤维素的零食，这些零食有助于对正餐的消化吸收，也有利于增强孩子的免疫力。

总之，规律的饮食习惯可以有效地减少孩子的零食需求量，妈妈要从自身做起，注意培养孩子的良好习惯。

方法三：适当调剂饭菜的口味，抢占孩子的零食空间

孩子毕竟是孩子，抵挡不住零食美味的诱惑。美味的诱惑可以说是孩子喜欢吃零食的最直接原因，也是最根本原因。有不少孩子在吃饱饭后，还要抱着零食大吃一通，原因何在？正是因为经受不住零食美味的诱惑。对孩子而言，可能一成不变的饭菜口味已经让他们对正餐失去了兴趣，他们需要新鲜、刺激的口味来满足自己的味觉，零食无疑是最具有诱惑力的。所以，家长在做饭时不妨调剂一下饭菜的口味，为孩子做一些可口的饭菜，当他们吃饱了可口的饭菜后或许对零食就没有太多的食欲了。

小雨是一个特别爱吃零食的孩子，而且用妈妈的话来讲就是“口味特别刁”，所以小雨在吃完饭后总是喜欢再吃一些零食，尽管妈妈数落了她很多次，可是一点效果都没有。

小雨总是说妈妈做的饭菜很乏味，所以她也没什么胃口，甚至有时候宁愿吃方便面也不想吃妈妈做的饭菜，而妈妈也总是抱怨小雨“没良心”。

有一次，爸爸在吃晚饭时微笑着说了一句：“这饭菜怎么一点味

道都没有？”妈妈瞪了爸爸一眼，小雨趁机说道：“就是嘛，就是嘛，我妈做的饭菜真难吃！”边说还边朝妈妈扮了个鬼脸。爸爸赶紧打趣道：“你妈平时工作那么忙，哪有工夫给你琢磨饭菜的味道啊！”说者无意，听者有心，小雨的妈妈内心在嘀咕：难道自己做的饭菜真的不好吃？从那以后小雨妈妈抽空就看菜谱，琢磨饭菜的口味，不久就做出了一手好菜，并获得了小雨爸爸和小雨的称赞。而从这以后，小雨妈妈发现小雨吃零食也越来越少了。

有的时候，正餐的口味如何的确会影响孩子对零食的依赖程度，如果您不相信，可以试着为孩子做一些可口的饭菜，看对减轻孩子对零食的依赖有没有作用。

睡懒觉是孩子的共同嗜好

叛逆期案例

小昊刚升入小学一年级，他头脑灵活非常聪明，学习成绩也不错，就是有一个坏习惯——爱睡懒觉，而且这种习惯从幼儿园一直持续到现在，妈妈为这个问题很头疼。

小昊平时特别喜欢看动画片，每天放学后，把书包往沙发上一扔，就开始全神贯注地看起动画片来，直到妈妈喊他吃晚饭。当然，吃饭时他也眼睛不离电视，妈妈为此经常批评他，但一点效果都没有，有时候妈妈只能强行把电视机关掉，这自然引来小昊的一通抱怨。

吃完饭，小昊仍然接着看动画片，一直看到晚上9点多，才不情愿地在妈妈的威逼利诱下去洗漱，等到上床睡觉的时候已经是晚上10点多了。即便如此，他还会在床上躺着翻来覆去睡不着，又是要喝水，又是让妈妈帮他拿吃的，直到折腾得没什么可折腾了才渐渐睡去。

第二天早晨起床时那就更费劲了，本来妈妈怕他上学迟到，早已经为他定好了闹钟，但是闹钟都响过几遍了，他还是不起床。有时候妈妈看他快要迟到了，就来到他房间，硬是把他从被窝里拉出来。每次他都会急赤白脸地说："就许你们睡懒觉，我多睡会儿就不行，还有天理没？"每次妈妈也都会反驳他："我和你爸爸还不到上班时间，你已经到了上学时间了。""那我不管，我也不想上学了。"小昊无理争三分，妈妈也十分窝火。这样的母子之争，几乎每天都会发生，但始终都没有找到解决的良策。

妈妈要懂的心理学：大多数孩子都爱睡懒觉，家长要帮助孩子养成良好的作息习惯

睡懒觉，这几乎是每个孩子的共同嗜好，也是大多数家长共同的烦恼。其实，不仅仅是孩子如此，大人也一样，很多成年人也喜欢睡懒觉，只不过有些成年人自制力强，或者已经养成了良好的作息习惯而已。那么，孩子为什么喜欢睡懒觉呢?

对孩子而言，爱睡懒觉的主要原因是平时睡觉晚，睡眠不足，所以该起床时才会赖床。一般而言，小学生每天的睡眠时间应当在10个小时左右。如果孩子每天的睡眠时间低于10个小时，那么就会出现睡眠不足的现象，他们就容易赖床不起。反之，如果每天能保证10个小时左右的睡眠时间，孩子就比较容易自然醒，而不是依靠闹钟吵醒。而孩子睡眠不足的主要原因就是每天睡觉时间比较晚，晚上不是看电视就是玩别的游戏，当然也有的孩子是为了写家庭作业。所以，为了保证孩子的睡眠时间，一定要让孩子养成早睡的习惯，避免让孩子看电视太晚，或写作业太晚。拿例子中的小昊来讲，他每天看动画片看到很晚，再加上洗漱和在床上辗转反侧的时间，估计真正入睡时要到夜里11点钟左右了，可是早上为了上学7点钟左右就要起床，这样算下来，小昊每天肯定是睡眠时间不足，而他睡懒觉也就是情理之中的事情了。

孩子爱睡懒觉的另一个原因是受家长生活习惯的影响。有的家长习惯于晚睡晚起，孩子受此影响慢慢也会形成晚睡晚起的习惯。比如例子中的小昊，当妈妈催促他早起时，他很自然地就想起了用爸爸妈妈“睡懒觉”的事实当做借口。这说明家长的作息习惯对孩子的作息习惯影响也很大。

总之，要解决孩子爱睡懒觉的问题，家长一定要帮助孩子形成良好的作息习惯。

叛逆期方法指导

方法一：让孩子早睡早起，帮助他养成良好的作息习惯

前面我们分析了孩子爱睡懒觉的根本原因，只有帮助孩子养成良好的作息习惯，才能有效解决孩子爱睡懒觉的问题。下面我们来看一位妈妈是怎么做的。

小薇几乎每天早晨都要哼哼唧唧赖床不起，有好几次妈妈送她上学时都差点赶不上校车，这令妈妈十分恼火，而小薇也几乎每天早晨都会挨训。

妈妈思来想去，认为小薇之所以早上不按时起床，可能是因为晚上睡得太晚了，所以妈妈决定每天晚上让小薇早睡一会儿。这天，小薇吃完晚饭后，妈妈没有让她再去看电视，而是带着她到附近公园转了一大圈，回来后小薇有些累了，妈妈赶紧让她洗了个澡。洗完澡后，小薇感觉舒服多了，这个时候她也稍稍有了困意，妈妈赶紧安排她早点睡觉，小薇虽有些不情愿，但毕竟也有些困了，于是上床睡觉去了。由于这次比平时早睡了一个多小时，第二天起床时小薇并没有太多的困意，闹钟响了之后不久，她便起床去洗漱，这次妈妈没有喊她。当然，对于她的积极表现，妈妈也及时表扬了她。此后的几天，妈妈尽量通过各种办法

让她早睡早起，渐渐地小薇就养成了早睡早起的习惯，赖床的行为也很少再发生。

道理就是这么浅显，与其一味地责备孩子赖床不起，倒不如想想办法让孩子早睡早起，当孩子睡眠相对充足的时候，赖床对他而言也就没什么必要了。妈妈们不妨一试。

方法二：让孩子受到适当惩罚，让他为自己的懒惰埋单

大多数孩子属于因睡眠不足（晚睡）而导致的赖床，但也有少部分孩子留恋被窝的舒适而不愿起床，尤其是在冬天的早晨，这种现象尤为明显。这个意思就是说，有的孩子即便是睡眠充足，他早晨也不想起床，总想在被窝里多待一会。这种现象属于孩子的惰性在作怪，当然这种行为通过早睡早起是很难解决的，那么在这种情况下怎么办？适当地让孩子接受惩罚，让他为自己赖床而付出代价，是一种有效的方法。

小强是一个特别爱睡懒觉的孩子，妈妈为此每天都要和他打上一通嘴仗，真是烦不胜烦。为了避免小强上课迟到，妈妈为他定了两组闹钟，一组振不醒，另一组十分钟后接着振，即便如此，小强依然雷打不惊，妈妈每天仍然很无奈地去他房间催促他起床。为此，妈妈绞尽了脑汁也没有找出一个有效的解决办法。

一个偶然的机会，小强的妈妈从一本家庭教育杂志上看到了一篇关于孩子睡懒觉的文章，其中有一种避免孩子睡懒觉的方法就是让孩子“适当受到惩罚”。妈妈决定尝试一下这种方法。当小强第二天再赖床不起时，妈妈并没有去他的房间催促他，而是“按兵不动”。小强感觉不对劲，过了一会儿等他主动起床洗漱时，发现时间已经晚了，尽管

他三下五除二就洗漱完毕，但是赶到小区门口时校车还是开走了。小强急得像是热锅上的蚂蚁，一个劲儿地埋怨妈妈没有及时喊他起床，妈妈也为此表示“后悔”。无奈，最后母子俩只好打了一辆出租车来到了学校，此时已经上课10多分钟了，小强自然受到了老师的批评。

经过这次事件，小强十分后悔，而他再也没有因为赖床而迟到过。

尽管这种方法带有一定的惩罚性，但对于“屡教不改”的孩子还是比较有效的。当然这种方法不能经常使用，如果经常使用会出现两种后果：一是会打击孩子的自尊心，二是会导致孩子变得越来越“皮”。

方法三：以身作则，为孩子做出好榜样

前面讲到了，孩子爱睡懒觉的另一个重要原因是受家长生活习惯的影响。如果家长平时特别爱晚睡晚起，那么孩子自然会受到影响。所以，要想让孩子养成早睡早起的好习惯，家长首先要以身作则。有的家长习惯于在这方面摆家长姿态：认为大人是大人，孩子是孩子，大人没必要和孩子比。其实，这种想法是不尊重孩子的表现，而且当大人教育孩子要早睡早起时，很容易遭到他们的反驳。在孩子的眼中，他们和大人是一样的，大人能怎么做，他们也希望能怎么做，如果不允许他们那样做，他们就会感觉很不公平。所以，想要求孩子早睡早起，自己首先要以身作则，给孩子做出合格的榜样。

孩子为何不讲卫生、不爱干净

叛逆期案例

小伟今年8岁了，正在读小学二年级，他活泼可爱，就是不爱讲卫生。平时洗脸刷牙他都会逃避，更别提养成其他卫生习惯了。

早晨起来洗脸刷牙他嫌麻烦，胡乱抹几下就算了事；平时洗澡他嫌时间太长，在浴室待不了几分钟就得跑出来；指甲长了他也想不起来剪，以至于指甲缝里藏满了污垢；衣服脏了他也从来不主动换，非得等到妈妈强迫帮他换下来……不仅如此，每次妈妈刚给他换好洗净的衣服，放学回来准弄得浑身脏兮兮的，泥土、污渍不必说，上面还被他用彩笔搞得花里胡哨，简直就像在搞行为艺术。

洗漱、衣服穿着如此，在饮食卫生方面他也特别不注意。每天放学回到家，他手也不洗就开始在冰箱里找吃的，放学坐公交车回来两手搞得腻乎乎地他全不在乎，照样拿起零食吃得津津有味。而且吃完后的包装随手一扔，从来不会主动把废弃物放到垃圾桶里。对此，妈妈经常批评他，但每次批评他，他都会大声叫嚷，搞得妈妈左右为难。

在公共卫生方面小伟也不注意，经常随地吐痰。有时候在家里甚至会吐在地板上，为此爸爸还打过他；在外面，他也很少把痰吐在垃圾桶里，或用纸包起来扔在垃圾桶，经常是走到哪儿吐到哪儿，有好几次还被卫生管理人员批评，差点挨了罚，但是他似乎不长记性，依然我行我素。对此，妈妈真拿他没办法。

妈妈要懂的心理学：孩子一般都缺乏卫生观念，家长需要耐心引导

尽管与上一代人相比，现在的孩子变得讲卫生多了，但是仍有不少孩子达不到现代社会的卫生标准。

孩子不爱讲卫生的一个主要原因是他们头脑里根本就没有卫生观念，不清楚讲卫生有什么好处，或者说不清楚不讲卫生有什么具体危害，在他们头脑里更多的是吃、喝、玩、乐，只要能吃好、玩好，别的都不关心。尤其是对于七八岁的子而言，他们的认知范围和活动范围都比儿童时扩大了不少，他们怎么快乐就怎么玩儿，怎么随便就怎么玩儿，而讲卫生对他们而言是一种束缚，也是一种麻烦。拿洗脸、刷牙来讲，他们感觉自己并没有从洗脸、刷牙中得到任何的实惠，或者说是快乐；相反，这对他们来讲简直就是一项任务，一项被迫要完成的任务。在饮食卫生方面，他们并没有直接感受到不讲卫生给自己身体健康带来的危害，他们只知道饿了尽快把美食吃进肚子里更实惠。所以，这个年龄段的孩子不洗手就吃饭或者吃其他零食的现象很普遍，而且父母三番五次地数落也无济于事。

就像例子中的小伟一样，洗脸、刷牙、洗澡，他都嫌麻烦；吃零食前洗手他也嫌耽误时间；甚至把吃完东西剩下的包装扔进垃圾桶里他都嫌费事儿；有了这种认识他怎么可能自觉地讲卫生呢？那么，对于这样的孩子如何让他变得爱讲卫生呢？

主要的方法有两个：一是加强孩子的卫生观念，二是培养孩子良好的卫生习惯。卫生观念是促使孩子讲卫生的基本前提，只有让孩子意识到讲卫生对身体的好处，他才有讲卫生的动力。而习惯的培养是让孩子讲卫生的主要保障，孩子一旦形成了讲卫生的习惯，他就会不由自主地把一些事情当做自然，比如洗脸、刷牙、洗手等，甚至在某些情况下不做这些事情，他就会感觉不自在，这就是习惯的力量。下面来看具体的方法。

叛逆期方法指导

方法一：告诉孩子不讲卫生的危害

对于七八岁的孩子而言，他们不讲卫生，除了受不良习惯的影响之外，主要是他们并不完全清楚不讲卫生的危害。如果父母能够把这些危害，具体地讲给孩子听，那么孩子对此是不会无动于衷的。比如，病从口入，不讲卫生最直接的影响就是危害身体健康，而身体健康事关孩子的切身利益，所以讲清楚这些危害对孩子有很强的说服力。给孩子讲清楚不讲卫生的危害，可以用直接的事实，也可以用有效的证据。

小涛这孩子不太爱讲卫生，平时饭前总是不爱洗手，每次都得妈妈催促他好几次才去洗。不仅如此，他平时也不注意剪指甲，都长这么大了还得让妈妈帮他剪，有时候妈妈工作忙，忘了帮他剪指甲，他的指甲就会长出老长，而指甲缝里也会藏满污垢。

妈妈认为让孩子一直这样下去，对他的身体健康特别不利，于是便想出了一个方法来教育他。这天妈妈向开诊所的朋友借了一台显微镜，把小涛的指甲垢放在玻璃片上，并加入一滴清水，然后放在显微镜下让小涛观看。小涛看到许多像虫子一样的东西在水中游动，而这些东西曾经寄居在他的指甲缝里，想到这些，他不禁浑身起了鸡皮疙瘩。妈妈趁机告诉他："这些可怕的'小虫子'就是我常给你说的细菌，如果吃东西前不洗手这些东西很容易被吃进肚子里，并且会导致身体生病。"

小涛看看游动的细菌，想想妈妈说的话，感觉太可怕了，从此他就特别注意洗手和剪指甲了，没有再让妈妈催促过。

事实就是如此，尽管家长三番五次地告诉孩子"不讲卫生，有害健康"，但没有直接的证据或者事实摆在孩子面前，是很难说服他们的，而他们往往也是不入心的。当有直接的证据或者真切的感受时，他们一定会为自己的健康着想。

方法二：用自己好的行为习惯影响孩子

现实生活中，我们不难发现，如果一个孩子不讲卫生，那么他的家长也可能不注意卫生方面的问题，虽然这话比较直白，但却是事实。父母的生活习惯（包括卫生习惯）对孩子的影响非常直接和明显，大多数情况下父母的言行举止都会潜移默化地影响到孩子，换句话来说：习惯具有遗传性。如果父母平时穿着干净利落，那么孩子也一定不会邋遢；如果父母平时就不注意卫生，那么孩子也一定干净不到哪儿去。所以，希望孩子变得讲卫生，家长一定要先从自身做起。

昊天平时不爱讲卫生，父母说他多次也无效，而且每次他都拿父母的行为当借口来反驳。他说爸爸到处乱扔脏衣服，妈妈饭后把餐具放在洗碗池里长时间不洗……所以自己那些小毛病算不得什么，不值得父母计较。每当听到这话，父母也都无话可说，毕竟孩子说的是事实。为了孩子的成长，夫妻二人决定改一改自己身上的坏习惯。

夫妻二人商量好这件事情后，在晚饭后把儿子叫到跟前，郑重其事地对昊天说："儿子，爸爸妈妈知道自己的坏习惯影响到了你，但是从今天起，我们都要改一改，并且请你来监督，谁如果违背了规定就要承担家里大扫除的任务。”昊天以前还从没有听父母说过要求自己监督他们，现在听到这话，他一下子感觉自己受到了父母的尊重，于是欣然同意。从此以后，昊天的父母真的非常注意有关卫生的问题。爸爸的脏衣服不再胡乱扔了，而是换下来后就集中起来放在洗衣机旁的塑料盆里；而妈妈等大家吃完饭后也马上把餐具收拾起来洗刷掉，不再放置在那里等下一餐前再洗刷了。昊天看到爸爸妈妈真的把类似于卫生习惯这样的小事当做了大事认真地对待，他自己也不再像以前那样不讲卫生，耳濡目染，他渐渐也养成了良好的卫生习惯。

事情就是如此简单，不管你相信还是不相信。大多数情况下，我们在教育孩子时都会讲一通大道理，但很少有家长用自己的言行举止来影响孩子，身体力行给孩子做出示范，我们总是对这些小事不屑一顾，却处处以此来要求孩子，那怎么可能教育得好孩子呢？

方法三：为孩子寻找同龄孩子做榜样

榜样的力量是无穷的。对于七八岁的孩子来讲，父母或许不是最好的榜样，因为他们已经不是三岁的小孩子了，在这个年龄段他们的同龄人才是最好的榜样。父母讲卫生的习惯或许不能令孩子有大的改观，但是他的同龄人尤其是他的好朋友或许能让他产生大的改变。

小蕊是个漂亮的小女孩，但是她却有一样坏毛病：不讲卫生，不爱收拾。爸爸妈妈不知批评过她多少次，但她依旧没什么改变。小蕊很喜欢表姐，凡事常常以表姐为榜样，而表姐是一个喜爱干净的女孩，妈妈决定通过小蕊的表姐来影响她。学校放暑假后，小蕊的妈妈便把小蕊的表姐接来家里玩儿。两个孩子住同一个房间，表姐每天都把房间收拾得整整齐齐，而且也很注重个人卫生。暑假过去了，爸爸妈妈惊奇地发现，小蕊变得和表姐一样爱整洁、爱讲卫生了。

父母的说教远不如同伴的影响对孩子起的作用大，孩子都有一种攀比心理，尤其是喜欢与同龄人相比。所以，找出孩子喜欢的同龄人做孩子的榜样，孩子一定会有明显的转变。

孩子乱花零钱与父母教育有关

妈妈在打扫小豪房间的时候，着实吓了一大跳。原来看似有条不紊的房间，竟然在床下和衣柜里翻出一堆东西：玩具、小人书、水彩笔……那么多的东西，小豪妈妈根本没见小豪用过，也不知道小豪在什么时候买了这么多东西。

下午小豪放学回家后，看到桌子上自己的“宝贝”堆了一大堆，就知道自己的秘密被发现了。妈妈严厉地问小豪：“你这孩子怎么乱花钱呢？这些东西都是什么时候买的？为什么没有向爸爸妈妈请示就擅自做主？”小豪低着头，嘟嘟囔囔地说：“我花的是自己的零用钱，想买什么是我的自由……”

小豪妈妈一听他不但不认错，还这么振振有词，简直气坏了，她大声地冲小豪喊道：“以后不许你再乱花钱买那些乱七八糟的东西！零用钱从这个月开始不给你了！以后你买什么必须得经过我的同意，否则一律不准买！”小豪妈妈本以为断了小豪的零用钱，他就没机会再胡乱地花钱了。可是，小豪总是缠着妈妈给他买这买那的，要是不同意给他买，他就理直气壮地“责问”妈妈：“别的同学都有，我为什么不能有？”

如果妈妈坚持不满足小豪的要求，他就会悄悄地去求爷爷奶奶、阿姨、舅舅，让他们带他去买。这下弄得小豪妈妈实在是进退两难了，对于小豪胡乱花钱的毛病，小豪妈妈真的是没办法了。

妈妈要懂的心理学：孩子消费心理陷入“棘轮效应”，妈妈要循序渐进改变

当下生活中，像小豪这样喜欢胡乱花钱的孩子可是不少。“众星捧月”式的家庭环境、衣食无忧的生活条件，使得这些孩子没有形成正确的消费观，渐渐也让他们养成了胡乱花钱的习惯。当然，有的父母注意到了这个问题，但是却发现改变孩子的这种习惯非常困难，因此索性就由他们去了，这为孩子以后的不良消费习惯的养成埋下了隐患。

孩子步入小学阶段后，开始初步接触和了解社会，对于金钱也有了更深的认识，意识到了金钱的诸多“好处”，胡乱花钱的现象也更加频繁，而且越来越大手大脚。由于不良消费习惯由来已久，所以家长希望孩子短期内改正过来是不切实际的。老话说，“由俭入奢易，由奢入俭难”。其实，孩子胡乱花钱，而且越花越大手大脚的行为与“棘轮效应”是一致的。棘轮效应，又称制轮作用，是指人的消费习惯形成之后具有不可逆性，即易于向上调整，而难于向下调整。

孩子的消费习惯也是如此，平时大手大脚惯了，期望他一下子变得节俭起来，那是违背心理学原理的。这样的事情对于成人来说，尚且困难，更何况是对自制力不佳的孩子呢？所以，家长针对孩子乱花钱的行为，一定不要火冒三丈地斥责孩子，也不要期望孩子一下子做出改变，而应当循序渐进地培养他好的消费习惯，让他在潜移默化中得到改变。

叛逆期方法指导：

方法一：及时发现，追根溯源，把问题消除在萌芽状态

有些情况下，孩子形成不良的消费习惯是从某一件事情开始的，如果这件事情没有得到父母的及时关注，孩子可能就慢慢形成一种习惯。等到这种习惯成为一种自然之后，再想帮助孩子纠正就比较困难了，这种情况下孩子的消费行为就陷入了棘轮效应。

因此，对父母而言，要及时了解和关注孩子的消费行为和消费动向，追根溯源，把孩子的不良消费行为消除在萌芽状态。

鹏鹏爸爸怒气冲冲地跟鹏鹏妈妈抱怨：“最近鹏鹏怎么总是在回家的路上借机买东西呢？而且每次都是买些乱七八糟的小玩意儿，一点儿也不实用。这才到月中，他的零用钱就用光了。”鹏鹏妈妈很诧异地说：“鹏鹏以前没有这个习惯啊，我都没有注意到！肯定是咱们有什么疏忽的地方，才让鹏鹏养成了乱花零钱的毛病，咱们还是问问他吧。”爸爸也觉得妈妈的话有道理，于是强压怒气，把鹏鹏叫进房间。

妈妈很严肃地对鹏鹏说：“鹏鹏，最近爸爸妈妈发现你好像多了点儿不好的习惯！”鹏鹏看妈妈表情那么严肃，心里很是不安。爸爸也趁机说道：“最近你总是在回家的路上买很多用不上的东西，虽然是用你自己的零用钱买，但是爸爸妈妈希望你能把钱用在学习或者生活上。我们相信你有能力合理地支配自己的零用钱，而不是把钱用在一些没有意义的事情上。”鹏鹏没想到爸爸妈妈不但没有批评自己，反而那么相信自己，于是他红着脸说：“这学期开学，我发现班里的同学都特别迷恋一部动画片，几乎所有同学都有动画片里的挂件。每天到学校大家都会

把新买到的挂件放在一起，比比看谁的最新颖。每当我拿出我买的最好的挂件时，同学们都会用特崇拜的眼神看着我……爸爸妈妈，我错了，我今后一定改！”爸爸妈妈看着郑重其事的鹏鹏会心一笑，他们异口同声地说：“好儿子！我们相信你一定能够改掉这个坏习惯的！”

例子中鹏鹏的不良消费行为就是从一件小事开始的，幸好他的爸爸妈妈发现及时，并以正确的方式教育了他，避免了他不良消费习惯的养成。

值得提醒家长注意的是，在这个过程中，鹏鹏的爸爸妈妈发现他不正常的消费行为后，并没有厉声斥责他，而是给予了他充分的信任，这使得鹏鹏能够顺利地接受爸爸妈妈的教育，而没有产生强烈的抵触情绪，这值得家长借鉴。

方法二：家长教育方式要统一，避免“步调不一致”造成孩子的不良消费习惯

在家庭教育中，家长的教育方式步调要统一，这对孩子的教育和成长十分重要。由于两代人的教育观念不同，或者隔代亲等因素的影响，己辈和父辈对待孩子的教育方式有一定的不同。但无论什么样的教育方式，都不应该娇惯孩子，不能纵容孩子养成不良的消费习惯。

小玉妈妈是个很节俭的人，所以她特别注重培养小玉勤俭节约的习惯。一次，由于要出差两个月，小玉妈妈不得不让小玉暂时和住在附近的爷爷奶奶生活一段时间。很快地，两个月过去了，小玉妈妈又把小玉接回了家。

最初，小玉妈妈还沉浸在与小玉久别重逢的喜悦之中。渐渐地，妈妈发现小玉和从前不大一样了。最近，小玉总是要求妈妈给她买这买那的，明明是前两天刚买的削笔器，她却又向妈妈要钱再买一个。妈妈没有答应她，她就用自己的零用钱悄悄地买了另一种削笔器，最后让

妈妈发现了，简单批评了她几句。诸如此类的情况又发生了几次，妈妈没有特别在意。两个月后，妈妈发现小玉的零钱罐里的零用钱所剩无几了，妈妈这时才开始警觉了，她问小玉："以前玉儿是个很节俭的孩子呀，可是零钱罐里的钱怎么这么快就没了？最近你是不是总喜欢乱花钱啊？"小玉低着头，不说话。妈妈一看小玉什么也不说，心里的火一下子就上来了，她怒气冲冲地对小玉说："以后你再也没有零用钱了，看你改不改得了。"小玉听了妈妈的训斥，"哇"地一声就哭了，她哭喊着非要找爷爷。小玉妈妈没办法只得又把小玉送回爷爷家。

到了爷爷家，小玉妈妈才了解：原来平时爷爷不经常见小玉，这次为了弥补平时的缺憾，只要看到什么好东西，爷爷都会买给小玉。两个姑姑更是变着法儿地给小玉买漂亮的文具和衣服。小玉在这两个月中，几乎每天都会收到爷爷和姑姑买来的礼物。小玉妈妈明白了：原来小玉的问题就出在这里呀。

对此，妈妈耐心地做了小玉爷爷和姑姑的思想工作，家长们取得了一致的意见，决定共同帮助小玉养成良好的消费习惯。

从上面的例子可以明显地看出：导致小玉出现不良消费行为的主要原因，在于爷爷和姑姑对小玉"爱的补偿"。在现代的家庭中，类似于这种长辈对孩子"爱的补偿"的情况时有发生。由于平时没能照顾孩子，因此只要有机会就会加倍地补偿孩子，但是以这种方式爱孩子，有时候会害了孩子。正像小玉的爷爷和姑姑对小玉"爱的补偿"那样，反而让小玉养成了爱胡乱花钱的毛病。

因此，在家庭教育中，家长的教育方式一定要统一。家长之间不能各按各的教育方式对孩子，这样不但容易让孩子养成不良习惯，而且还会影响孩子对是非的判断能力。

方法三：帮助孩子树立正确的消费观，从根本上解决问题

有的家长在发现孩子胡乱花零钱的行为后，决然地停止给孩子零用钱，希望以此达到让孩子改正不良习惯的目的。然而，实际上这个方法治标不治本，孩子胡乱花零钱的问题并没有从根本上得到解决，只不过暂时被掩盖起来罢了。一旦孩子忍受不了不良习惯的驱使，他就会背着父母“想办法”去满足自己的需要，比如偷拿家里的钱，向同学借钱，等等。这种情况下，可能还会引发其他不良行为。因此，不给孩子零用钱并不是解决孩子胡乱花钱的好办法，帮助孩子树立正确的消费观才是解决问题的根本途径。

不爱收拾整理是家长娇惯出来的

叛逆期案例

小萌今年七岁了，正在读小学二年级，在大家的眼里她是一个聪明、乖巧的小姑娘，非常讨人喜爱。可是妈妈却对她不太满意，原因就是她有一个大毛病——不爱收拾和整理。

尽管已经上二年级了，小萌从来没有收拾过自己的房间，每天都是妈妈等她上学以后替她收拾，这在小萌家几乎成了一个惯例。这事儿也不能完全怪小萌，从小萌出生以后，妈妈就从来没有让她收拾、整理过东西，而现在妈妈也懒得让她收拾了。当然，妈妈也曾经试着让小萌整理过自己的东西，每次小萌都娇嗔地说："妈妈帮我收拾嘛，妈妈收拾得干净，我不会收拾。"每次妈妈听到这话，都会无可奈何地摇摇头，自己又去默默地收拾了。

有一次，妈妈由于工作原因出差几天，等回来后打开家门却看到屋里零乱不堪，就像经历了一场入室盗窃，东西扔得到处都是：书本、文具横七竖八地躺满了沙发，垃圾也被扔得遍地都是，桌子上还摆满了饮料瓶子和方便面桶……而小萌的卧室更是一片狼藉：衣服、袜子扔得满地都是，零食的包装袋到处散落着，被褥皱缩在一起似乎一真没有整理过……看到这些妈妈真是气不打一处来。

小萌放学回家后，妈妈忍不住怒气，责备起小萌来："你这个丫头，怎么就这么懒！妈妈才出差几天，你就把家里搞成了这个样子，你就不知道收拾一下吗？""你平时都没有教我，我怎么知道怎么收拾？再说了，爸爸也在家呢，他怎么也不收拾？"小萌似乎颇有理由，而妈妈听到这话也一时哑口无言。

妈妈要懂的心理学：不爱收拾、整理是一种惰性和习惯，妈妈需要耐心培养孩子

现在的孩子生活条件越来越优越了，但似乎也变得越来越懒了。也可能正是这优越的生活条件，养尊处优的家庭环境，让孩子变得懒惰和不爱收拾整理了。总体而言，孩子不爱收拾整理既出自于他们本身的一种惰性，也是一种从小养成的不良习惯。

每个人与生俱来都有一种惰性，这种惰性主要表现在不愿意付出劳动上，而收拾整理不仅要付出体力劳动，还要不断地总结思考付出脑力劳动，而孩子在没有直接从收拾整理中得到"实惠"时，他们往往会对此表现出懒惰的样子。试想，零食可以满足孩子的食欲和口味，而没有哪个孩子是懒于吃零食的。正是因为收拾整理没有给孩子带来具体而直接的实惠，所以他们才懒于收拾整理，这是孩子不愿意收拾整理的根本原因。

此外，不爱收拾整理还源于孩子从小形成的一种习惯。很多家长在孩子小时候，没有形成让孩子收拾整理的习惯，而孩子自然也没有养成收拾整理的习惯，所以很多孩子都上小学了却连自己的书包都不会整理也就不足为奇了。实际上，单纯

地就能力而言，孩子四五岁就应该会收拾整理自己的东西了，只不过家长没有给他们锻炼的机会而已。以小萌为例，自她出生后妈妈就一直没有让她收拾整理过自己的东西，她长大后不会收拾整理自己的东西也是情理之中的事情，这个责任在于她的妈妈而不在于小萌。当然，收拾整理的习惯既在于家长的培养，也在于父母共同做出榜样。例子中，小萌的妈妈自然是一把收拾整理的好手，但小萌的爸爸做得就不合格了。通过阅读例子，可以从侧面看出，小萌的爸爸也是一个不爱收拾的人，本来自己的爱人出差，他应该帮助孩子收拾房间，这样就会给孩子一个有效的示范，也会对孩子产生积极影响，但他却没有这样做，而小萌不仅从他身上找到了借口，也找到了依赖妈妈的“榜样”，这种反面的示范效应对小萌的负面影响很大。

所以，让孩子养成爱收拾整理的习惯，不仅需要培养，更需要做出正面的示范。

叛逆期方法指导

方法一：让孩子意识到整理的必要性

前面我们分析了，孩子不喜欢收拾和整理主要是因为他们没有从收拾整理中得到实惠，如果能够让孩子得到这种实惠或者意识到这种实惠，那么应当会有收拾整理的动力。简而言之，就是一定要让孩子意识到收拾整理的必要性。

志辉是一个二年级的男孩，他活泼好动，而且喜欢搞小制作，但却不爱收拾东西，书包、文具、玩具等到处乱扔。当然，他自己的衣物及其他用品也是到处扔，害得妈妈每天都得帮他收拾，帮他找。妈妈认为不能再让志辉这样下去，这种坏习惯会破坏他做事的条理性，妈妈决定找机会让他意识到整理的必要性。

一个周末上午，志辉在家里搞手工制作，很多材料都找齐了，却发现主要的工具——螺丝刀不见了，他急得如热锅上的蚂蚁。抽屉里、工具箱里、书包里又找个了遍，还是不见螺丝刀的踪影，他几乎要抓狂了。妈妈劝他好好想想，上次用完螺丝刀放哪儿了，或者上次在哪里用过螺丝刀。志辉终于想起来，上次可能是在卧室用过螺丝刀，他于是急忙跑进卧室找起螺丝刀来，可是找来找去还是不见螺丝刀的影子，他几乎对找到螺丝刀不抱什么希望了。正在这时妈妈走进来，妈妈帮他找了找也没有找到，于是拉开床垫子看看螺丝刀是否掉在了床与墙壁之间的缝隙里，结果在这里终于发现了螺丝刀。找到了螺丝刀，志辉高兴地跳起来，狠狠地在妈妈脸上亲了一口。

原来，上次志辉搞完小制作时顺手把螺丝刀扔在了床上，而妈妈帮他收拾床铺时无意中把螺丝刀掉在了床和墙之间的缝隙里，这才导致了上述情况的发生。妈妈等志辉做好小制作后，趁机劝志辉把所有的工具放回工具箱里，把制作材料放入一个专用的小盒子里，小辉这次干脆地答应了，因为这样做方便他下次使用，经过这次的事情他是深有体会了。

孩子随时收拾东西的好习惯，一定要让他从小养成。如果孩子不收拾东西，或者东西用过后随便乱扔，下次再找时就会非常困难，也很不方便；即便是最后找到了，也花费了不少时间和精力，这样做是没必要的。让孩子明白了这个道理，或者亲身体会到了这样做的不便，他渐渐就会养成收拾和整理的习惯。

方法二：培养孩子的条理性和整理的习惯

现在的孩子大多都是独生子女，受到父母、爷爷奶奶、外公外婆的娇宠，过着饭来张口、衣来伸手的生活，什么都不用管不用问，久而久之，孩子就不会收拾自己的东西了，反正自己不收拾也有人收拾。其实，孩子不会收拾和整理倒不是什么大事，关键是孩子在这个坏习惯的影响下会失去做事的条理性。所以，无论从培养孩子良好的生活习惯来讲，还是从培养孩子的良好性情考虑，都应当让孩子养成收拾和整理的好习惯。当然，培养孩子爱收拾的习惯应当从小事入手，让孩子渐渐养成习惯。

小雷今年刚入小学一年级，非常聪明，成绩不错，但就是喜欢依赖人。平时在家，衣食住行，大事小事，都喜欢依赖妈妈，连他自己的书包、文具都要妈妈帮他整理好。眼看着孩子已经上小学了，连日常生活小事都依赖自己，小雷的妈妈心里非常着急，她决定从一些小事入手来培养小雷收拾整理的习惯。

周日下午小雷写完作业后，刚准备去看动画片，妈妈拉住了他，说要教他整理书包和文具。刚开始小雷不乐意，妈妈耐心地给他讲了一番道理，告诉他学会整理的必要性，然后以有趣的提问方式一点一滴地教小雷整理书包和文具。比如，课本怎样放更方便取用，作业本怎样放不容易磨损，水彩笔怎样放不容易弄脏文具盒等。小雷在妈妈的启发下，几乎都给出了正确的答案，妈妈直夸他聪明，他也乐得手舞足蹈。就这样，小雷学会了整理自己的书包和文具，渐渐地妈妈又教他过渡到整理其他日常用品，而小雷也从中感受到了实惠。不到一个学期，小雷基本上养成了自己收拾整理东西的习惯。

其实，让孩子学会收拾和整理并不难，大多数妈妈从来不把这事当回事儿，认为没必要在这些小事上和孩子较真，有费口舌让孩子整理的时间，还不如自己动手效率高呢。其实，妈妈这样想是错误的，自己这样做等于包办了本该属于孩子做的事情，从某种程度上削弱了孩子在这方面的能力，也剥夺了他做事本该具备的条理性。

方法三：为孩子做出好的榜样，让孩子在耳濡目染中受到影响

都说父母是孩子的第一任老师，这话一点不假，父母的行为习惯对孩子的影响是巨大的。如果父母在家中不爱收拾，那么孩子也很难养成爱收拾整理的习惯，因为孩子没有好的榜样可以学习。所以，要想让孩子养成爱收拾整理的习惯，父母一定要以身作则，为孩子做出好的榜样。

如果父母有乱扔、乱放东西的习惯，那么当父母要求孩子收拾整理时，孩子可能就会反驳说："你连自己的东西都不收拾，干吗要求我这样做呀？"这个时候无论你怎么回答孩子，都是苍白无力的。所以，最好的说服就是以身作则。

孩子拖拉、磨蹭是可以改变的

叛逆期案例

小雯是一个二年级女孩，她性格比较内向，平时在学校里不怎么说话，每天都在埋头做自己的事情，似乎周围的一切都与她无关。当然，她也很少违犯学校纪律，总体而言她是一个令家长和老师放心的孩子。但是，她却有一个明显的缺点，那就是做什么事情都不紧不慢，有时候甚至是拖拖拉拉，对此，妈妈不止一次地说过她，但都没有什么效果。

比如，早晨她一般起床比较早，但很晚才能到学校。从她起床开始穿衣服，到洗脸刷牙吃早点，再到找着书包换上鞋，整个过程都是慢慢吞吞的，一分钟能做完的事儿，她非得要三分钟做完。妈妈催促她很多次，甚至训斥她，但她总是快不起来。结果每天不是最后一个来到学校，就是迟到。

不仅如此，她平时写作业也是慢慢吞吞的。有一次老师在课堂上布置了作业，其他同学很快就写完了，可是小雯却迟迟没写完。没办法，老师只好让她把作业拿回家去做。可是在家里写作业，她的效率也不高，一直磨磨蹭蹭到夜里12点才写完。

据老师反映，小雯在学校做事也一直磨磨蹭蹭，她几乎没有什么时间观念，做事的动作也总比别人慢半拍，无论做什么事都是一点不着急的样子。

对于老师和妈妈的反复教育，小雯好像听不进去一样，你说你的，她做她的，没有丝毫改变。时间长了，老师和妈妈都对她有些失望了，只好听之任之。可是长此这样下去，孩子长大后怎么能适应社会的快节奏呢？这是妈妈最头疼，也是最担心的问题。

妈妈要懂的心理学：孩子做事拖拉主要是缺乏时间观念，妈妈要耐心引导

孩子做事拖拉磨蹭的现象十分常见，尤其对七八岁的孩子来说，这种事情最常见。三四岁的孩子，很多事情由父母来替他们做，显不出来磨蹭；十几岁的孩子已经有了较强的时间观念，他们做事的效率有了很大的提高。正是七八岁这个阶段，相对独立而又不能完全独立做事的时候，最容易犯做事拖拉的毛病，这也成了这个年龄段孩子家长的一大心事。那么，这个年龄段的孩子为什么做事如此拖拉呢？

造成孩子拖拉的原因主要有两种：一是受孩子自身性格的影响，二是家庭教育方式让孩子养了拖拉的习惯。在性格方面，有的孩子天生性格内向，做事情有自己的主意和想法，不太容易听取别人的意见或者考虑别人的感受，喜欢按照自己不紧不慢的方式做事。这样的孩子家长和老师很难通过批评教育改变他们，如果批评不当甚至还会引起他们的逆反心理，对于这类的孩子只能慢慢地提高他们的做事效率，急不得。例子中的小雯做事拖拉就属于这种情况，从例子中可以看出，她性格比较内向，做事拖拉跟她的性格有直接的关系，而且家长和老师的教育最终也没有改变她的做事方式。对于这类孩子，家长要做好长期培养和影响的思想准备，不要

试图通过简单的批评教育来改变他们，也不能对他们听之任之，毕竟这不是一种好习惯。在习惯方面，大多数孩子做事拖拉、磨蹭主要是一种习惯，甚至是自幼形成的一种习惯，这种习惯造成的拖拉现象比较容易改变。改变这种习惯，要从根本上培养和增强孩子的时间观念，因为有这种习惯的孩子大多都不具备时间观念，他们意识不到时间的重要性，更认识不到高效率做事对他们自身的价值。所以，针对这类孩子，家长应当从培养他们的时间观念开始，逐渐地让他们养成高效做事的习惯。

下面，我们来看具体的指导方法。

叛逆期方法指导

方法一：培养孩子的时间观念，让孩子改掉拖拉的习惯

除了性格方面的原因，大多数孩子做事拖拉、磨蹭，主要是由于缺乏时间观念造成的。一些孩子对时间没什么概念，对多长时间应该做完多少事情也没有什么计划和想法，他们做事大多“顺己自然”，也就是说，自己能什么时候做完就什么时候做完，想什么时候做完就什么时候做完。但是任何事情都是有一定的时间限制的，不可能无限期地拖延下去，尤其是别人要求的事情，比如老师布置的作业、家长规定的任务等。当这些任务迟迟不能完成时，孩子在心理上就会产生焦虑，为了完成任务甚至不惜熬夜，这对孩子的身心健康都有很大的危害。所以，家长一定要培养孩子的时间观念，帮助孩子改掉拖拉的习惯。

培养孩子的时间观念，家长应当让孩子明白时间的重要性及不可逆性。“明日复明日，明日何其多。我生待明日，万事成蹉跎。”告诉孩子，今天的事情今天做，一定不能拖到明天，今天这一天时间过去了，就永远不会再回来了，如果把这些时间浪费掉了就等于在浪费自己的生命。对于七八岁的孩子来讲，这些道理他们

应当能够明白一些，要让他们从小就树立较强的时间观念。另外，还要让孩子养成在规定的时间内完成规定的任务的习惯，如果是老师布置的家庭作业，回到家后一定要让孩子先完成作业再玩儿，对此不要迁就和放纵他，渐渐地就能让孩子养成良好的习惯。

方法二：适当地让孩子承受拖延带来的惩罚

孩子做事拖拉、磨蹭的习惯之所以难改，主要是他们并没有为自己的拖拉、磨蹭的行为而承担过相应的责任，每次妈妈都对他们迁就、纵容，或者替他们埋单，这使得他们更加有恃无恐。想要让孩子改掉这种坏习惯，就要适当地让他们来承受拖延所带来的后果。

小敏是一个做事拖拉的小女孩，早晨起床拖拖拉拉，中午吃饭拖拖拉拉，晚上写家庭作业还是拖拖拉拉，妈妈多次教育她都没什么效果。她现在已经读三年级了，如果这种坏习惯一直持续下去，对她的性格塑造以及成长会带来很大的负面影响。妈妈考虑再三，决定给她一些小小的惩罚，让她为自己的拖拉承担后果。

早晨起床时，小敏拖拖拉拉，妈妈不再像从前那样催促她了，而是顺其自然，结果有一次小敏上课迟到了，结结实实地挨了老师一顿批评。中午吃饭时，小敏边吃边玩，妈妈给了她20分钟时间，但是她并不在意，依然我行我素。20分钟过去了，小敏还没有吃完饭，妈妈毫不留情地端走了饭菜，这么多年来小敏第一次没吃饱饭。晚上吃完晚饭，小敏迫不及待地打开电视看动画片，竟然连写作业的事儿都忘了，妈妈并没有像往常一样提醒她，而是任由她看下去。结果可想而知，第二天老师点名批评了小敏……

经受了这几次挫折，小敏总算尝到了做事拖拉的滋味，从这以后她渐渐地改掉了这种坏习惯。

其实让孩子改掉一个坏习惯，方法也比较简单，那就是让他为此承担相应的后果。当他承担了坏习惯所带来的后果时，他自然而然地就会主动改掉这种坏习惯。而家长所需要做的就是停止包办，给他一个接受惩罚的机会。

方法三：为孩子制定做事的规则，让他变被动为主动

很多情况下，孩子做事拖拉、磨蹭也是因为没有人给他制定一个做事的标准，比如多长时间内要完成某件事，并且要保质保量。如果给孩子制定了这样的一个标准，他就会在潜意识中自己督促自己，按规定完成某件事，这在客观上制约了孩子拖拉、磨蹭的恶习。

小彬已经上二年级了，可是他还是没有改掉做事拖拉的毛病。早晨起床穿衣总是磨磨蹭蹭，好不容易穿好了衣服，又找不着鞋子在哪儿了，找到鞋子穿在脚上又要磨蹭一会儿。直到妈妈催促他去洗脸刷牙，他才懒洋洋地走进卫生间，急得妈妈在一边直嚷他。

放学后，他从来不会主动去写作业，总是先吃些零食，看会儿电视。直到吃完晚饭，妈妈催促他多次，他才悻悻地去写作业。但是，即便是写作业他也总是分神，不是抠抠手指甲，就是咬咬铅笔，玩玩橡皮，一道数学题半天也算不出来，一篇生字得写一个钟头。就这样，每天的家庭作业都会做到很晚，结果头天睡眠不足，第二天又磨磨蹭蹭不起床。

受这种不良习惯的影响，小彬的学习效率一点也不高，而妈妈每天陪在身边督促他，也烦不胜烦。妈妈想了一个办法，那就是针对小彬喜欢磨蹭的那些事，为他制定一个相应的时间表，比如：10分钟穿好衣服、鞋袜，5分钟洗漱完毕，20分钟吃完午饭等。针对这些基本的事情列

出了时间表，小彬做事的效率有了很大的提高。

其实改变孩子做事拖拉的习惯，提高孩子做事的效率，并不像我们想象中的那么难。之所以感觉到事情难做，主要是我们陷入了一种定式思维，或者说是恶性循环。我们总是在孩子做事拖拉时用一成不变的腔调来批评孩子、指责孩子，很少换个角度或换种方法来引导孩子。事实上，只要我们的方法稍作改变，我们就会发现一个不一样的孩子。

第二章

适度放手，塑造孩子优良个性

孩子活泼、好动，手脚闲不住

丁丁爸爸还没进家门，就能听见丁丁妈妈在训斥丁丁：“哎呀！小祖宗！跟你说了多少次了！不要在屋子里乱跑！地板那么滑，小心摔倒！”“丁丁！我警告过你多少次了，写作业不要总是东张西望的，把作业写完了再看电视。”“哎呀！丁丁……”尽管已经习以为常，但是丁丁爸爸仍然觉得一个快乐的家庭中，不应该总让训斥和警告的声音充斥着。于是，丁丁爸爸决定要和丁丁妈妈好好地商讨一下关于丁丁的事情。

丁丁爸爸刚向丁丁妈妈表明自己的观点，立刻就招来妈妈的一顿牢骚：“哎呀，家里有这么个‘小祖宗’，你说得倒轻巧！我就这么整天地看着他，他还上蹿下跳的，看得我心惊肉跳。你倒好，让我别管他，出了问题怎么办？磕着碰着怎么办？他写作业不是坐不住就是边玩儿边做，不看着他老老实实地写作业，写不完怎么办？我整天绷紧神经地看着他，你倒怪起我来了！”

丁丁爸爸听了妈妈的抱怨后，苦笑着对她说：“我也知道你对丁丁投入了很大的心血和关心，但是，你每天都像在和丁丁作战，可是丁丁的天性就是活泼好动，难道你真的希望丁丁做一个没有自我意识，摒弃自我天性的‘乖宝宝’吗？”在丁丁爸爸的提醒下，丁丁妈妈才意识到：原来是自己的教育方式有问题，总是希望丁丁按照自己要求的标准去做。所以才对丁丁的活泼好动那么反感，忘记了丁丁本来就是一个活泼好动的孩子。

妈妈要懂心理学：孩子的天性需要自由，妈妈不要做禁锢孩子的“鱼缸”

世上的孩子千千万，世上的妈妈对于好孩子的标准却只有一个——乖巧听话。很多妈妈都为孩子的活泼好动而苦恼过，也曾因看到别人家有一个乖巧听话的孩子而羡慕不已。孩子淘气、好动似乎是天性使然，特别是处在七八岁年龄段的孩子，更是让家长头疼不已。在这一阶段，孩子精力旺盛、充满朝气，就好像脱兔一般，简直不能让人有一刻的安宁。以丁丁为例，从他妈妈的描述中就能想象得出：丁丁一定是个精力旺盛、活泼好动的孩子。也因为如此，丁丁妈妈才会产生“时时刻刻都想盯着他”的想法和做法，可是这样做似乎效果并不好。

现实生活中，很多家长遇到类似的事情时，大多采用“批评教育”的方式，以期改造出一个听话、安静的孩子。有些家长与此同时还设立种种规章，用来约束孩子的行为。这种做法看似合理，却忽视了一个非常重要的常识：活泼本来就是孩子的天性。孩子正是通过“活泼好动”来了解和认识事物的。家长要求孩子“安静”“听话”，不仅容易扼杀孩子的天性，也容易剥夺他们成长的机会。的确，一条鱼儿在一个安静、透明的鱼缸中生长，会少很多风险，但是在这样一个封闭的环境中，鱼儿是永远长不大的。家长要求孩子“听话”，就如同把孩子放在了一个鱼缸里，这将会禁锢孩子的天性。试问：一个有悖于孩子天性的环境，怎能培养出优秀的孩子呢？

叛逆期方法指导：

方法一：改造不如顺势发展、因材施教效果更好

孩子活泼好动，有时候也会透露他的兴趣信息，妈妈可以有效地利用这个机会发现孩子的兴趣和特长，然后因材施教，这样可以“化害为利”，取得理想的教育效果。

林林周末在家的时候又被妈妈狠狠地批评了一顿。这都要“归功”于最近热播的武侠电视剧。林林对于电视剧里的男主角简直崇拜到了极点，整天幻想着自己能有一身盖世神功。他每天不是对着镜子练习“武打动作”，就是站在凳子上为展示“轻功”作准备，他自己还美其名曰“练功”。看得林林妈妈那叫一个心惊胆战。

可是，无论妈妈怎么苦口婆心地劝阻，林林依然我行我素地“练功”，简直没有片刻空闲。一次，林林在拿擀面杖“练剑”时，把书架上的花瓶打碎了。这下妈妈忍无可忍了，原本准备狠狠地“修理”林林一顿，可是一看到林林那不知所措的小脸儿，就又心软了。林林妈妈暗自思忖着：孩子嘛，爱玩儿爱跳都是天性，更何况林林从出生以来就活泼好动，当初自己不是还为此而感到欣喜不已吗？怎么现在却对林林的活泼好动不能容忍了呢？

这样安慰着自己，林林妈妈又想到了一个两全其美的好办法。她把一脸忐忑的林林叫到面前，一本正经地对他说：“尽管妈妈知道你不是故意打破花瓶的，但这却是你不听妈妈劝告造成的后果。现在妈妈想确定一件事：你是不是真的很喜欢功夫？如果你真的喜欢的话，妈妈给你报一个武术班怎么样？”

林林一听妈妈非但没有责罚他的意思，反而还要帮自己报个武术班，心里简直乐开了花，一个劲儿地大喊“妈妈，妈妈，你真好”。看到林林那么激动，妈妈也觉得很高兴，她还不忘鼓励林林：“只要你坚持不懈地努力，不是只有三分钟热度的话，你一定能成为第二个李小龙的！”

面对精力旺盛、活泼好动的孩子，家长们一定满腹怨言。然而实际上，孩子活泼好动并非问题，甚至连不良习惯都算不上。家长之所以难以容忍，恐怕是对孩子的天性认识不足。像林林妈妈忽然悟出的道理那样：孩子刚出生的时候，家长对孩子的一切都是那么的惊喜和包容。但是随着孩子的成长，家长的包容反而越来越少，总是不自觉地用成人的模式来要求孩子，这其实就是家长的问题了。

方法二：用兴趣引导孩子适当地从“动”到“静”

孩子活泼好动是天性和兴趣使然，既然孩子可以为了兴趣而动，自然也可以为了兴趣而静，如果妈妈希望孩子能够适当地安静下来，那么不妨找找既能够让他安静下来，又能让他感兴趣的事物。

幽幽妈妈提起幽幽来真的是又爱又恨：这小姑娘整天都精力过盛，连走路的时候都要蹦蹦跳跳的。用奶奶的话说就是：“手脚没有一刻闲着的时候，好像个小猴子！”幽幽妈妈觉得女孩子文静一些比较好，可是幽幽似乎与文静“绝缘”，就算是吃饭的时候，她的两只手也摸摸这儿碰碰那儿。为此，妈妈可是没少批评幽幽，可是她怎么也改不了。

最近，妈妈发现了一件奇怪的事情：在幽幽生日的时候，爸爸送给她一套能换服装的娃娃，幽幽喜欢得不得了。当天下午就待在房间玩了一下午的娃娃，这在以前可是从来没有过的。就连晚饭的时候，妈妈叫幽幽吃饭，她都没听见。开始，妈妈还以为幽幽就是刚开始玩个新鲜，以后就不会这样了。可是一个月过去了，幽幽对娃娃的热情非但不减，反而更加迷恋了。妈妈担心幽幽每天都玩娃娃太耽误学习了，于是偷偷地把她的娃娃藏了起来。事后，幽幽又哭又闹地要娃娃，妈妈最终都没还给她。结果，幽幽又像以前一样“活泼”了起来，这下妈妈可真为难了：该不该把娃娃还给幽幽呢？

像上文中的幽幽，本来就活泼好动，但是在玩自己喜欢的娃娃时，她却能够安安静静地在自己的房间待上一下午，这说明孩子对于自己感兴趣的事物也能够安静下来。妈妈不妨借鉴这个方法，使孩子安静下来。

方法三：打破“鱼缸”，让孩子不再是被约束的鱼儿

很多家长大概都很熟悉这样的场景：安静的教室里，只有老师在讲台上讲课，下面的同学们全都双手背后，目不转睛地盯着黑板。曾经，这种“良好的”课堂秩序得到了很多家长的认可和称赞。但是，一节课40分钟都要保持这样的姿势不动，即使是一个自控能力很好的成年人也未必能做到，更何况是处于发育期的孩子呢？

因此，家庭教育不该以头脑里理想的方式进行，而应该按照孩子的天性进行。致力于追求“好孩子”的标准，无疑是将孩子置于狭小的鱼缸之内，孩子的天性只能被束缚，对于孩子来说这样的童年无疑是不幸的。

所以，家长应该用平常心去对待孩子，尊重孩子的天性，让孩子不再做被束缚的鱼儿。

个性倔犟的孩子该如何引导

叛逆期案例

苗苗今年八岁了，上小学二年级，她的脾气一直比较倔犟，最近更有些变本加厉了。

她决定的事情，无论对与错，别人很难改变她，如果妈妈说她一句，她就会回顶十句。只要让她抓住一点理，她就会反驳得你有口难言，所以家人很少敢说她。有一次，她在家写作业，爸爸在一旁看出了她的算法有误，刚想给她指出，却被她一句话噎了回去，固执地相信自己的算法。结果，苗苗算来算去还是算错了，爸爸便教给苗苗正确的算法，但是她还是很不服气。

还有一次，妈妈带她上街去买衣服，她想买一件深色的小裙子，可是妈妈认为深色的小裙子夏天穿起来会很热，建议她买一件浅色的，可是她死活都不想买浅色的，非要买那件深色的。妈妈很无奈，在她的坚持下只好买了一件深色的小裙子，即便如此，她也高兴不起来，嘴巴撅得老高，妈妈只好左劝右劝。

苗苗在学校里也是这样，据老师反映，有一次考试时可能由于阅卷失误，少给她计算了1分，她非得找老师改过来，并且要求老师把她的名次再重新排一遍。本来名次已经排好了，再重新排，全班成绩都要动，比较麻烦，但是她无论如何不听劝说，最后老师只得把名次再重新调整一遍，然后又重新公布。

苗苗就是这样的一个孩子，凡事特别固执、倔犟，妈妈曾经试过多种方法来改变她这种个性，但效果并不明显，对于这样的孩子到底应该怎么办呢？

妈妈要懂的心理学：孩子个性倔犟说明他对问题有自己独立的看法，妈妈要合理引导

七八岁的孩子讨狗嫌，而七八岁的孩子个性倔犟尤其让人难以忍受。一是他本身有了一定的自主意识，凡事喜欢依照自己的想法去做，无论对错；二是他们本身受身心成熟度和认知程度的局限对很多事情判断不够，因而导致他们做事不理性，喜欢固执己见，而且难以被说服。

那么，这个阶段的孩子为什么会如此倔犟、固执呢？主要原因有两方面：一是与孩子自身性格有关，二是受家庭教育环境的影响。在性格方面，有些孩子与生俱来性格比较倔犟、固执，这与遗传因素有关，当然这种情况并非不能改变，可以通过后天的教育让孩子明白变通的道理，逐渐改变孩子的行为习惯。在家庭教育环境方面，有的家庭成员之间缺少有效的沟通，尤其是家长与孩子之间进行平等交流的机会很少，这种情况下就容易造成孩子性格上的孤僻、倔犟、固执己见等。

例子中的苗苗倔犟、固执，主要是与她自身的性格有关。从例子中可以看出，苗苗自己认准的事情，别人很难说服她，她有时候甚至会钻牛角尖，比如当老师因失误少给她算了分时，她固执地要求老师帮她补回分数，并重排名次。对于一

般的孩子而言，可能并不计较这1分的得失，但是苗苗却无法容忍这个错误。这说明苗苗的倔犟行为是根深蒂固的，主要是受性格的影响。针对这种情况，家长要多与她交流沟通，给她讲明事理，更要潜移默化地去影响她、感染她。

针对孩子个性倔犟的问题，我们来看下面具体的指导方法。

叛逆期方法指导

方法一：面对孩子的倔犟行为，首先要冷静处理

大多数家长都希望孩子按照自己的意思行事，如果孩子没有按照自己的意思行事，家长便认为是孩子性格倔犟，甚至会为此大发雷霆。在这样的情况中存在两种可能：一种是孩子的确固执己见地坚持自己错误的想法；二是孩子本身的坚持是正确的，可能是家长的想法有误。但无论如何，家长一定要学会控制自己的情绪，冷静地对待孩子的固执，因为无论孩子的坚持是对的还是错的，在他们眼里自己坚持的就是对的，这从另一个侧面说明孩子做事有自己的主见。如果家长对孩子的坚持，大呼小叫、大发雷霆，那么很容易伤害孩子的自尊，不但无法解决问题，还有可能引起孩子的逆反心理，破坏亲子关系。

所以，家长在遇到类似的情形时一定要控制自己的情绪，语气要温和一些、委婉一些，尽量以慈祥和蔼的态度与孩子交谈。比如，孩子非要穿某件衣服，并且为此大喊大叫，那么这个时候家长一定不能与孩子一般见识，对孩子叫嚷或打骂，而应当耐心地问询孩子非要穿某件衣服的原因，或者耐心地劝导孩子按照自己的要求去做。

方法二：了解孩子的真实想法，尊重孩子的意见

孩子个性倔犟，从一个侧面反映出孩子对问题有自己独立的看法，并且有坚持到底的勇气。前面我们说到了，孩子固执地坚持自己的想法，也许他的想法本身

就是正确的。这种情况下，家长首先应当耐心、深入了解孩子内心的想法，然后再作出指导或决定。

小超是一个个性倔犟的小男孩，他凡事都有自己的想法，尽管并非所有的想法都正确。有一次，他在写家庭作业，爸爸走过来看了看，突然发现他的解题方法不太正确，于是在一旁提醒他："儿子，你应该这样思考……"可是小超并不领情，白了爸爸一眼，继续自己的解题思路。爸爸在一旁嘀咕道："这孩子，怎么不知好歹，最后准得算错，还不听劝说。"刚嘀咕完这些话，爸爸又后悔了，他想小超平时这么聪明，在数学问题解答上很少犯错误，这次或许他有新的解题方法呢。想到这里，爸爸又耐心地看了看小超的解题思路，渐渐理出了一些头绪，原来这孩子真的有好的解题捷径。爸爸又问小超是不是在采用另一种非常规的解题思路，小超一五一十地向爸爸讲述了自己的解题思路，爸爸听后连声称赞，原来儿子的解题方法连自己都不曾想到。

从这以后，小超无论做什么事情，爸爸都不再过多干涉了，而是在尊重他的意见的基础上，更看重孩子做事的结果。

七八岁的孩子毕竟不同于三四岁的孩子，他们对很多问题都有了自己相对独立的看法和想法，因此他们往往会固执地坚持自己的意见，遇到这种情况家长一定不要盲目地批评或打击孩子，而应当深入了解孩子的真实想法，充分尊重孩子的意见。

方法三：多用商量的口气，给孩子提一些建设性的意见

很多家长在发现孩子的做法与自己的要求不一致时会大发雷霆，孩子毕竟是孩子，他们的想法毕竟不成熟、不全面，即便是孩子真的想错了或做错了，家长也不能劈头盖脸地一味批评指责，而应当用商量的口气，给孩子多提一些建设性的意见。

荣荣是一个八岁的小女孩，有一次老师在手工课上留了一个作业——制作纸飞机，荣荣在课堂上没有完成作业，只好把作业带回家做。

吃过晚饭，她兴致勃勃地拿出制作纸飞机的原材料和工具，开始认真地制作起来。可是她费尽心思制作了半天，最后也没有制作成功。妈妈在一旁看得心急如焚，曾试图指导她如何才能制作成功，可是荣荣就是不听，非得要按照自己的方法制作，还埋怨妈妈在一旁添乱，妈妈听后感觉又好笑、又好气。

眼看着都晚上11点了，荣荣的纸飞机还没有制作成功，妈妈看在眼里，急在心里。她耐着性子走到荣荣旁边，用商量的口气对她说："你觉得是比齐对折好呢，还是错开一些折好呢？"有了前几次失败的经验，荣荣若有所思地说："哦，还是比齐对折好吧。"妈妈又接着问："你觉得用尺子量好对折好呢，还是直接凭感觉对折好呢？"荣荣不假思索地回答道："当然是用尺子量一下再对折比较好啦！"听到妈妈的这些问话，荣荣忽然找到了自己先前失败的原因。她在妈妈指导下，很快做好了纸飞机。

孩子和大人一样，也是集思维与情感于一体的化身，他们也有自己的喜怒哀乐、爱恨情仇。当外界的语言或评论引起他们的不快时，他们也会表现出强烈的抵抗情绪，即便这种语言或评论从本质上对他们而言是有益的。所以，教育这样的孩子也要注意方式和方法，尽量用商量的口气和建设性的意见来影响或改变他们的行为。

孩子爱发脾气、使性子怎么办

叛逆期案例

小雷是个脾气暴躁的孩子，人如其名，他动不动就爱大发脾气，一般人都惹不起他，爸爸妈妈也不例外。

有一次，吃过晚饭他和爸爸下五子棋。父子俩你一步，我一步，有条不紊地较量着。眼看着小雷马上就赢了，可是没想到爸爸的黑子往中间一横，小雷的棋子被隔成了两段，还没等小雷反应过来，爸爸的黑子已经抢占了先机，两步棋下来，爸爸反败为胜了，这令小雷大为恼火。他气急败坏地冲着爸爸嚷道："你耍赖，你耍赖。不行，重来。"说着一把把棋盘打乱，嚷嚷着要重来。爸爸被这突如其来的情形"吓"了一跳，只好答应重来，但心中甚感不平，对小雷为一点小事而大发脾气也相当忧虑。

据老师反映，小雷在学校里也经常乱发脾气。有一次，在学校吃午饭时，一位同学不小心把饭菜洒在了他身上，他马上就大嚷对方："你到底长没长眼睛，赶快给我擦了！"对方同学自知理亏，赶紧俯下身子为他擦饭菜渍。可是小雷却得理不饶人："还要大声跟我说声'对不起’。”那位同学白了小雷一眼，没有吱声，这可惹恼了他，他挥拳就要打对方，幸好被同学们拉开了，不然一场恶斗不可避免。

小雷就是这样的一个孩子，动不动就大发脾气，可能一点小事都能触动他敏感的神经，爸爸妈妈真不知道该怎么教育他好。

妈妈要懂的心理学：孩子发脾气是“合理”的，天性使然，但家长不可纵容

孩子发脾气是一种正常现象，也是一种比较普遍的现象，它意味着孩子独立性和自我意识的增强。人是感情动物，每个人都会有喜怒哀乐，每个人也都有发脾气的时候，发脾气也是一种正常的情绪宣泄，对孩子而言亦是如此。但是有的孩子动不动就发脾气，大事小事都发脾气，这就是一种不正常的心理状态了。就如前面例子中的小雷，他和爸爸下棋会发脾气，同学不小心把饭菜洒在他身上他也会发脾气，在这些比较平常的小事上都发脾气，那么小雷的行为就有些不正常了。

现在的孩子脾气都比较大，那么这究竟是什么原因呢？

发脾气是人的正常情绪宣泄行为，但有的人脾气大，有的人脾气小；有的人发脾气的时候多，有的人发脾气的时候少。所以说，发脾气与人的个体因素有关，这主要是指性格方面的因素，比如有的孩子属于暴躁型的性格，动不动就爱发脾气；有的孩子属于温婉型的性格，很少发脾气。例子中的小雷显然是个暴躁性格的孩子，对于这样的孩子，要尽量减少他发脾气的诱因，同时要教育他学会理智做事，克制自己的情绪。另外，发脾气也非常容易受家庭环境的影响。比如，我们比较容易发现在一个家庭中，如果父母有一方脾气暴躁，那么孩子脾气暴躁的可能性就非常大，而在一个家庭暴力频发的家庭中，孩子脾气暴躁的可能性也非常大。所以说，家庭环境的影响也是导致孩子脾气暴躁的重要因素。

当然，孩子发脾气会由具体的事情和具体的情况而引起，但这些都与前面提到的两种原因有关。那么，我们究竟该如何看待和对待孩子爱发脾气的情况呢？下面我们来看具体的指导方法。

叛逆期方法指导

方法一：正确对待孩子发脾气，为孩子提供良好的家庭环境

前面讲到了，孩子发脾气是一种正常的情绪宣泄行为，当孩子对某事不满意或感到愤怒时，他自然会通过一种方式把自己的感受表达出来。所以，父母对此要以一种理性的方式来看待和处理，不能强行遏制孩子发脾气，那样会让孩子更加压抑，长期下去孩子甚至会产生心理疾病。当孩子发脾气时，家长首先要做的就是安抚孩子的情绪，倾听他的感受，找到他发脾气的原因，帮助他分析事情的原委，然后给他一个合理的解释，而不是以暴制暴，用批评、指责甚至打骂等方式来对待孩子。

另外，孩子发脾气受家庭环境的影响比较大。比如，前面提到的家长中有人脾气暴躁，那么孩子就容易变得脾气暴躁，而且家长发脾气很容易诱发孩子发脾气，生活当中常常见到家长对孩子大呼小叫时，孩子往往也会大呼小叫地反抗，这种情况就充分说明了家庭环境或者家长态度对孩子的影响。

所以，避免孩子发脾气，或者让孩子少发脾气，家长首先要为孩子营造一种良好的家庭环境，让孩子在耳濡目染中受到积极的影响。

方法二：教会孩子学会管理自己的情绪

每个人或多或少都会发脾气，一点儿脾气没有的人在现实生活中几乎是不存在的。对孩子而言更是如此，孩子本身的自制力和情绪控制能力本来就比较弱，当遇到让他感到不满意或者愤怒的事情时，很难保证他不发脾气。尽管发脾气是对不

良情绪的宣泄，但是常发脾气或者动不动就发脾气对自己的身体伤害是很大的，当然对别人的伤害更是无法弥补的，所以说让孩子懂得管理自己的情绪非常重要。

有个小男孩经常发脾气，父母对此都很无奈。一天，他的父亲拿着一包钉子交给他，并对他说："孩子，以后你每次发脾气时，能用锤子在咱们家院子的栅栏上钉一颗钉子吗？"小男孩不明白父亲的意思，不过还是犹豫着答应了。

第一个月，小男孩在栅栏上一共钉了66颗铁钉。又过了几个月，他开始慢慢地控制自己的愤怒情绪，而钉在栅栏上钉子的数目也在逐渐减少。他发现自己的情绪在慢慢地改变，于是把这一变化告诉了父亲，父亲并没有对他的转变大加赞赏，而是建议他说："如果你能坚持一整天不发脾气，那么就把钉在栅栏上的钉子拔下来一颗。"小男孩使劲儿地点了点头。

又过了一段时间，小男孩竟然把栅栏上所有的钉子都拔掉了，这令他很高兴。

这时，父亲才微笑着拉着他的手来到了栅栏边，意味深长地对他说："孩子，你做得很好。但是，你看看栅栏上被钉过那么多小孔，已经无法还原成原来的样子了。当你对别人发过脾气后，你的语言就像钉孔一样，在别人的心灵上留下疤痕，而这些疤痕是很难消除的。所以，以后你一定要学会控制自己的情绪。"

通过这个例子，我们可以看出，由于发脾气而给别人带来的伤害到底有多严重。所以教会孩子管理好自己的情绪，既有利于他自身的健康，也有利于避免造成对别人的伤害。当然，对家长而言，完全可以把这个故事讲给孩子听，让孩子从中体会控制不良情绪的深刻意义。

方法三：让孩子正确地表达自己的情绪

每个人都会有自己的情绪，尤其是遇到令自己不满意的事情的时候，孩子也不例外，他们遇到自己不如意的事情也要表达自己的不满情绪。情绪的表达方式有多种，可以用委婉的方式，也可以用粗暴的方式；可以用直接的方式，也可以用间接的方式。但，毫无疑问，粗暴的表达方式和过于直接的表达方式效果并不好，对己对人都没有好处，尤其是对人大发脾气更是伤人伤己，所以教会孩子用正确的方式表达自己的情绪十分重要。

小毅是一个很爱发脾气的小男孩，无论大事小事，只要不如他的意，他就会大发脾气，这件事令父母非常担忧，生怕他长大后会成为一个脾气暴躁的人。

父母从网上查阅了一些资料，对孩子发脾气的原因有了一定的了解，他们也认识到适当地让孩子宣泄不良情绪对孩子的身心健康是有好处的，但要让孩子选择适当的方式宣泄。比如，向别人倾诉，当遇到不满意的事情憋闷在心里感到难受时，可以让孩子对自己说出来，然后再倾听合理的建议或意见，这样可以有效减轻孩子的心理压力。又如，可以让孩子把自己的不良情绪写出来或画出来，然后再拿给父母看，有的孩子不善于表达，那么这种情况下可以让孩子把自己的感受写出来拿给父母看，或读给父母听，这也是一种正确的表达方式。再如，如果孩子确实受到了不公正的待遇，无法通过以上的方式来表达情绪，那么可以让孩子选择用拳头击打枕头，大声怒吼或到室外跑步等方式来发泄心中的愤怒。当然也可以留一些废旧报纸，让孩子在愤怒的时候用手撕、用脚踩等。

小毅的父母了解到了这些方式，并在不同情况下让孩子尝试不同的方式，过了一段时间之后，小毅的脾气变得好了起来，即便是通过正确的方式发过怒之后，也很快就把当时的事情忘记了。

当然，处理孩子发脾气的事情，不仅仅是要让孩子通过正确的途径和方式来发泄，更重要的是要让孩子学会换位思考，从对方的角度考虑问题，减轻自己的怒气，学会用一种宽容、大度的方式来处理问题。

孩子胡搅蛮缠该怎么引导

叛逆期案例

磊磊今年七岁，正在读小学一年级，平心而论，他是个聪明的孩子，学习成绩也不错，可是就是在一些事情上爱胡搅蛮缠。

妈妈是一位钢琴老师，为了开发磊磊的音乐潜力，她还特地买了一架钢琴，自己在家指导磊磊练琴。这天妈妈正在旁边指导他，忽然发现他指法错了，于是纠正他：“儿子，你刚才的指法错了，应该是这样。”妈妈边说边亲自给磊磊做示范，可是磊磊并不领情：“我哪儿又错了？你弹的就是对的吗？”妈妈被磊磊噎得哑口无言。每次练琴磊磊都这样，妈妈既感到气愤，也很无奈。

不仅练琴是这样，磊磊写作业时也是这样。有一次磊磊在练习写生字，他写了几遍“山”字，妈妈感觉写得还可以，就是结构不太对称，为了指导他，于是说：“儿子，这个‘山’字写得不错，你再给妈妈写两遍看看。”谁知磊磊反驳道：“我已经写得不错了，为什么你还让我写？”妈妈说：“结构不太对称，我想让你再写两遍看看。”“结构不对称，那你为什么还说写得好？”妈妈又被问得哑口无言，真不知道该怎么和他解释好了。

在其他事情上也是如此，本来很正常的事情，但是当妈妈说给磊磊听时，磊磊总有很多理由反驳妈妈，让妈妈感觉不知所措。孩子为什么会这样呢，妈妈真是感到非常纳闷。

妈妈要懂的心理学：孩子胡搅蛮缠可能事出有因，妈妈要区别对待

对家长而言，孩子胡搅蛮缠就是指孩子不讲道理，无理辩三分，或者在某件事上与大人纠缠不清等行为。事实上，这种行为从孩子三四岁到十几岁都会出现，而且令家长们十分苦恼和不解。那么，孩子竟究为什么要胡搅蛮缠呢？

其实，孩子胡搅蛮缠是有原因的，孩子不会无缘无故地胡搅蛮缠。比如，孩子为了达到自己的某种不合理的目的而胡搅蛮缠；孩子因自私、任性而胡搅蛮缠；孩子出于对大人意思的误解而胡搅蛮缠；还有一种情况是孩子本身的行为并不是胡搅蛮缠，但在大人的眼中属于蛮不讲理，胡搅蛮缠。简而言之，孩子的胡搅蛮缠一种是有意的，另一种是无意的。孩子为什么会有意地胡搅蛮缠呢？其实这源于孩子对父母的一种依赖性，在现实生活中我们会发现，孩子胡搅蛮缠一般是针对父母，而很少针对外人，即便是自己家的亲戚朋友。因为孩子知道，即便是和父母胡搅蛮缠，父母也不会把他怎么样，而且最终还有可能达到自己的目的。三四岁的孩子在潜意识中明白这个道理，七八岁的孩子会把这当成一种达到目的的手段，所以七八岁的孩子胡搅蛮缠大多是为了达到某种目的。

具体到上面的例子，磊磊的胡搅蛮缠可能是妈妈有些冤枉他了，拿弹琴的事情来说，可能妈妈并没有明确告诉他什么样的指法是标准的，当孩子受到了否定之后有一个自然的反弹；写作业时，妈妈并没有明确指出孩子所写字体的错误所在，而孩子的反驳看似无理却符合孩子的心理特点，所以孩子在这两件事上的逆反行为是在情理之中的。

关于孩子胡搅蛮缠的问题，具体的指导方法请看下面几点。

叛逆期方法指导

方法一：不要轻易迁就孩子，要给他立下做事的规矩

七八岁的孩子胡搅蛮缠大多是为了满足自己的不合理要求，而有时候父母会出于各种各样的考虑，迁就或纵容孩子，这种情况下就非常容易助长孩子胡搅蛮缠的不良风气，让孩子更加肆无忌惮。所以，无论何种原因都不要轻易迁就孩子的胡搅蛮缠，一定要给他立下做事的规矩，并严格执行。

小林特别喜欢看动画片，每天晚上都会看到很晚才上床睡觉，妈妈教育他多次就是不听劝说。

这天吃完晚饭，他又坐在电视机前看喜爱的动画片，眼看都11点了，小林还不去洗漱睡觉。这时妈妈过来催促他："儿子，天这么晚了，早点洗漱睡觉吧，明天还要上学呢。"小林不紧不慢地说："妈妈，我看完这一集就睡。"可是，又一集动画片播放完了，小林还没有要睡的意思。妈妈又过来催促他："儿子，别看了，赶紧睡觉去吧，你看看都几点了？""反正我明天早晨能起来就行呗，你老催我干吗？真烦人！"没想到小林说话不算话，现在又变卦了。妈妈刚想发脾气，想想这是今天的最后一集动画片，看完这集他就没得看了，再说了，儿子说他明天早晨能按时起床，于是便没再言语。

可是，第二天早晨就不是这么回事儿了，闹钟已经响了两次了，小林还赖在被窝里不起床。妈妈催促他起床，他还叫嚷："迟到了老师又不罚你，

你着什么急啊？”小林说话不算话，还胡搅蛮缠，妈妈感到非常气愤。

从此以后，无论小林说得多好听，妈妈从不让他迟于晚上10点睡觉。早晨，无论他再困，都要求他按时起床，时间长了，小林感觉到没有讨价还价的余地，也很少胡搅蛮缠了。

小林的妈妈最初相信了儿子的话，但是小林并没有信守承诺，反而在第二天早晨更加无理取闹。给予孩子必要的信任是对的，但是不能纵容孩子。另外，孩子毕竟心智不成熟，他们为了达到当前的目的，会许下各种“承诺”或答应家长提出的任何条件，但是有时候却又无法兑现这种“承诺”，这受孩子成长年龄段的制约。这种情况下，家长应当有一个理智的判断，不要轻易相信孩子的“承诺”。

方法二：理智地看待孩子的言行，不要把孩子的淘气当做胡搅蛮缠

有时候孩子出于淘气或其他原因而表现得有些出格，这种情况下家长不要轻易把孩子的行为定性为胡搅蛮缠，有些情况下孩子的确是无意的。这种情况下可以指出孩子的不当行为，给孩子一个改正的机会。

小辉是个聪明又调皮的孩子，而且嘴巴特别甜，家人都很喜欢他，尤其是爷爷更是把他当成宝贝疙瘩，无论走到哪里都愿意带上他。

这天，爷爷和老同学去一家饭店聚会，爷爷自然忘不了带上宝贝孙子。一大早爷孙二人就高高兴兴地出发了，他们来得比较早，先在那里等着其他人。等人差不多来齐了之后，多年的老同学开始谈各自最近的情况，爷爷和邻座的老同学也开始亲切地交谈了起来。这时爷爷的老同学指着小辉说：“这是你的孙子？都长这么大了！”爷爷赶紧拉着小辉说：“乖孙子，赶紧叫‘朱爷爷好！’”小辉看着面前这位肥头大耳的朱爷爷，不禁想起了《西游记》里的猪八戒，于是灵机一动响亮地叫了

声："八戒爷爷好！"爷爷的这位老同学听到了小辉的称呼，尴尬地笑了笑。而小辉的爷爷也生气地干咳了一声，并说道："这孩子！"

席间，两位老人因为孩子的事情言谈少了许多，即便说话，也多少有些不自然。好不容易熬到了聚会结束，在路上爷爷就迫不及待地批评起小辉来："你这孩子，胡闹什么？说话怎么这么没礼貌？""我不过就想开句玩笑嘛，你用得着那么生气吗？"小辉似乎还以为自己很幽默。"你开得是什么玩笑？简直是无理取闹，爷爷的面子都让你给丢尽了！"爷爷越说火越大，祖孙二人的战争一发而不可收拾。

其实，在这个例子中，小辉的言语并非爷爷认为的胡搅蛮缠、无理取闹，可能小辉从一个孩子的角度真的是想幽默一把，但他却忽视了这种幽默暗含了对长辈的不尊重。或许他曾经拿这种玩笑话与同学嬉闹惯了，认为这是一件正常的事情，但的确不适合这种场合。小辉爷爷的反应过于激烈，他把孩子的玩笑话上升到了成人言行的角度，理解自然有些偏颇，而对于孩子的指责也有些不适当。

所以，对家长而言，要理智地看待孩子的言行，不要轻易把孩子的言行定位为胡搅蛮缠。

方法三：孩子胡搅蛮缠，家长也要反思自我

没有孩子生下来就是爱胡搅蛮缠的，孩子的这种行为大多是在家长后天的教育或影响下产生的。比如，有的家长平时特别娇惯孩子，无论孩子提什么要求自己都无条件答应，时间长了孩子一旦达不到自己的目的就会变得胡搅蛮缠。

还有一种情况是，家长管教孩子时没有一个统一的标准。自己高兴时，孩子怎么做都无所谓；自己不高兴时，怎么看孩子都不顺眼。结果孩子自己的心中也没有一个做事的是非标准，当家长以成人的是非标准来要求孩子，孩子自然就显得爱胡搅蛮缠。

爱搞破坏、恶作剧也很正常

叛逆期案例

一位妈妈这样讲述：我的儿子大概是进入了成长的第二叛逆期，正是俗话所说的“七八岁，讨人嫌”的年龄，整天都处于极度亢奋中，变着法子调皮捣蛋，且破坏力极强，着实让我头痛万分。

也许是受电视里武打片的影响，近几日儿子忽然成了“人人敬畏”的“大侠”，家中的花花草草成了儿子的假想敌，原本枝繁叶茂的文竹被强行“理了发”，仙人掌的叶片则遭受了铁钉“穿心”的厄运，无花果没招他没惹他却被他用木棍敲得七零八落……更绝的是，儿子竟然把我给他爷爷买的新拐杖“改造”成了金箍棒，还煞有介事地将两头涂成了黄色，中间涂成了红色——这个小子，真能折腾。这根新拐杖可是我前不久送给老人的生日礼物，没想到却成了他玩耍的武器了。

听老师说，在学校里他也不老实，经常搞破坏和恶作剧。如把别的同学凳子弄坏，把别的同学的练习本撕了，把老师的黑板擦丢到垃圾桶里。有一次还竟然不知从哪里弄了只死耗子，放在了女同桌的抽屉里，吓得女同学尖叫着哭起来，他却在一旁哈哈大笑。虽几经老师批评教育，但仍不思悔改。因此老师和同学家长经常会打电话找我“投诉”，对此我也没少惩罚孩子，可是效果并不理想。

妈妈要懂的心理学：七八岁的孩子爱搞破坏很正常，妈妈不妨“奖励”他的破坏行为

的确，“七八岁，讨人嫌”，处在这一阶段的孩子破坏力极强，看什么都不顺眼，看什么都想上前“修理”一番。你越批评他，他越顶撞你；你越不理他，他越招惹你……当然他也会时不时地给你带来一些笑声，让你哭不得，笑不得，搞得你一点办法都没有。其实这一阶段的孩子已经有了初步的是非观念，一般情况下知道什么是对的什么是错的。正如上述例子中的男孩，其实他应当明白破坏花草是不对的，“改造”妈妈送给爷爷的拐杖也是不妥的，当然往女同桌抽屉里放死耗子就更不应该了。但是在这个阶段，他内心的那种活跃和冲动占据了上风，渴望展现自己、娱乐别人的欲望压倒了理智。

针对这种情况，批评和指责是没有用的，打骂当然也不起效果。现实生活中，针对这种情况的确有家长会打骂孩子，但是不久孩子就会“好了伤疤，忘了疼”，事后仍然我行我素。处理此事，不妨试试阿伦森效应。

阿伦森是一位著名的心理学家，他认为，人们大都喜欢那些对自己表示赞赏的态度或行为不断增加的人或事，而反感这种态度或行为不断减少的人或事。为什么会这样呢？这是因为人们的挫折感在作怪。从倍加褒奖到小的赞赏乃至不再赞扬，这种递减会导致人们一定的挫折心理，随着挫折感的递增和加剧，人们渐渐地就受不了，甚至会引起心理上的反感。

对于处于七八岁叛逆期的孩子爱搞破坏而言，妈妈们不妨试试这个小妙招。

叛逆期方法指导：

方法一：有效利用奖励递减法则

根据阿伦森效应，我们知道，如果孩子对破坏或恶作剧有持续不断的兴趣，那么你就可以选择合适的时机“奖励”他，然后逐渐减少这种“奖励”，让他心理失衡，这种反其道而行之的方法，往往能取得意想不到的效果。

小区外的一片空地上，停放着一部废弃的大卡车，小区里的孩子们每天晚上7点吃完饭后，便爬上卡车站在车厢里蹦跳，“嘭、嘭”之声震耳欲聋，靠近卡车的这幢楼就别想安静了，有些居民无法忍受，便劝说或批评孩子们，可是众孩童不但不予理会，反而蹦得更欢，人们都感到很无奈。这天，一位老人对孩子们说：“小朋友们，今天你们来个比赛，谁蹦得最高，我就奖给他一包奶糖。”众孩童欢呼雀跃，争相蹦跳，那位蹦得最高的男孩果然获得了一包奶糖。第二天，老人又来到车前，对孩子们说：“今天你们继续比赛，谁蹦得最高我就奖励他三块奶糖。”孩子们见奖品减少了许多，颇有怨言，都不再卖力蹦跳，尤其是昨天获奖的那个孩子竟然不想蹦跳了，因此“嘭、嘭”的声音稀疏了不少。到了第三天，老人又对孩子们说：“我剩的奶糖不多了，不过，今天如果谁蹦得最高，我还可以奖励他一块奶糖。”孩子们听后，都纷纷跳下卡车，说：“不蹦了，不蹦了，真没意思，奖励越来越少，我们回家看电视了。”

就这样，靠近大卡车的这幢楼边清静了下来，小区的人们都感到很意外。

这是阿伦森效应的一个典型案例，显然在没有任何奖励的情况下，孩子们在大卡车上蹦跳凭的是一腔热血和兴趣，这腔热血和兴趣是很难靠说服教育和打压制止住的。当老人把孩子们的这种兴趣转化为一种功利行为时，他们为了得到奖品着实卖力地跳了一阵子，但当奖品逐渐减少时，他们受糖块利益的驱动力减少，因此不再卖力蹦跳。而当这种奖励再次减少时，孩子们不仅失去了蹦跳的动力，而且还遭受到了一定程度的挫折感，转而变得厌倦这种行为了。自然，他们不再愿意付出努力在大卡车上蹦跳了，而令人头疼的问题也得到了解决。

方法二：对孩子采取先贬后褒的方式

有些孩子爱搞破坏，是因为在他们的内心深处有一种探索的欲望，他们希望搞清楚事物内部隐藏的秘密，或者运行的原理与规律，这正是孩子可贵的天性。正如爱迪生当年孵小鸡一样，他想通过自己的努力孵出可爱的小鸡来，虽然这种行为很幼稚、很可笑，但却是一种宝贵的探索精神，对孩子未来的发展意义非凡，所以对此做家长的既不能打压，也不能取笑，而是应该采取先贬后褒的方式进行合理引导。

比如，有的男孩喜欢拆装玩具、钟表、电视机、电脑等；有的女孩喜欢涂涂画画，等等。对于这种情况要具体分析，如果男孩的拆装行为会造成财物的重大损失，或者会对自身的安全造成一定的隐患，那么家长就应当规劝男孩不能随便拆装电器等，然后褒扬他这种可贵的“研究”精神，引导他在安全和许可的范围内进行拆装，甚至可以和他一起拆装、探讨，并给他讲明其中的原理，相信他一定会变得乖很多。对于女孩的涂涂画画来讲，可能有些女孩爱在墙壁上或者被单上进行涂画，这种情况下妈妈首先要批评女孩这种行为方式是不对的，但又要肯定她的“杰作”非常富有想象力，具有一定的艺术水平，有发挥的潜力等等，然后引导她把自己的“创意”表现在纸上，甚至可以鼓励她以后参加绘画比赛，等等。说不定，还真能从中发现她的绘画天赋，发现一个未来的画家或者设计师。

总之，在孩子的破坏或恶作剧行为中，蕴藏着浓厚的兴趣和创造力，家长不能因为他们表达方式的不妥，而扼杀了他们的这种潜力。

方法三：帮助孩子释放表现欲

七八岁的孩子爱搞恶作剧，从心理学的角度来看，其实是孩子的一种“表现欲”的体现。孩子是希望通过自己的恶作剧，引起老师和同学们的注意，通过恶作剧获得一种“成就感”。所以，针对孩子的这一心理，家长和老师不妨尽量多地给孩子表现的机会。比如，在学校时，老师可以多给孩子一些表现的机会，或者为他安排一些合适的职务，让孩子拥有充分表现自己的机会。在家里时，家长也可以让孩子对家事“参政议政”，并充分尊重他的意见。这样，孩子在满足了内心的表现欲之后，心理就会趋于正常。

需要注意的是，对于孩子的恶作剧行为，一定不要通过打骂的方式来解决，这样极易引起孩子的逆反心理，让事情恶化。

一位妈妈对教育专家说：“我儿子特别爱搞恶作剧，特别是在课堂上。例如，他上课时会故意弄出一些声响来影响课堂秩序；要不就是在前桌女同学的辫子上系个小物件，或在人家的背上贴个小纸条；老师让他组词造句，他会造出一些不雅观的句子来，引得全班同学哄堂大笑。为此，我和孩子的爸爸经常被老师喊去学校交流。为这事，我们没少打骂孩子，但就是不见效果。你说，这样的孩子该怎么教呢？我们真是犯了愁。”

专家建议这位妈妈多给孩子一些表现的机会，比如从另一个角度肯定孩子，或者与老师沟通争取给孩子“安排”一种职务。这位妈妈接受了专家的建议，并与老师达成了一致的意见。老师“安排”这个孩子做了副班长，专门负责课堂纪律问题。听老师说，当这个孩子被班主任宣布为副班长的时候，他竟然不好意思地脸红了。从那以后，课堂上少了他捣乱的声音，也不见了他曾经的那些恶作剧，而这位妈妈发现孩子似乎在家里也变得懂事多了。

爱动、爱搞恶作剧，是这个阶段孩子的共性，尤其是对比较调皮的男孩来讲。针对这种情况打骂是解决不了问题的。对此，家长应当换个角度看待孩子的这种行为。爱搞恶作剧，至少说明这个孩子的脑子很好使，他能搞出与众不同的花样来。我们看电影《小鬼当家》里的那些孩子也十分爱搞恶作剧，他们的家长并没有因此讨厌、责骂他们。这些恶作剧用在对付坏人上的确是孩子的一种智慧。所以，国外的不少家庭和学校，更多地鼓励孩子的自由发展，并不过多地强调课堂纪律。当然，孩子总是爱搞恶作剧，也不是一件好事。不仅影响自己的学习成绩，而且也扰乱了课堂纪律，对此家长应当以耐心交谈的方式，告诉孩子遵守课堂纪律的好处，分析搞恶作剧的危害性，让孩子把精力用在更有意义的事情上。

爱拆装东西的孩子有出息

叛逆期案例

冬子是一年级的一个小男孩，这孩子从小就聪明可爱，而且有一个喜好——特别爱拆装各种东西，这一爱好让爸爸妈妈既高兴又担忧。高兴的是这孩子具有很强的探索精神，忧虑的是有时候这种拆装会破坏家里的一些物品。

无论是爸爸妈妈给他买的各种玩具，还是家里的小闹钟、电视遥控器等都被他拆过。有些简单的玩具，他拆装过之后可以按原来的样子装回去，但是有些结构复杂的物品比如闹钟等，他拆完之后就装不回去了。对此，爸爸妈妈不知说过他多少次，希望他不要拆像遥控器、闹钟之类的物品，可是他似乎都当成了耳旁风，只要兴趣一来，他想拆什么就拆什么。

有一次，爸爸给他买回来一台英语点读机，他非常高兴，在爸爸的指导下反复地练习使用。刚开始的那一阵子他的确还在点读机的吸引下学会了不少单词，这也让爸爸妈妈感到很欣慰。可是好景不长，麻烦来了，一个周末，在好奇心的驱使下冬子终于忍不住打开了点读机。他找来螺丝刀，抠下电池，小心翼翼地打开了点读机的后盖，然后又拆下小喇叭和电路板，最后甚至把液晶屏幕也给拆了下来，这下子一部完整的点读机被拆得七零八落。不过，更悲剧的是，冬子在拆电路板和屏幕时把一根电线给扯断了，而那些被拆得七零八落的零部件也无法按照原来的样子装回去了。这下子，一千多元的点读机在冬子的手下成了一堆废品。

外出回到家的爸爸看到被冬子拆得七零八落的点读机，气不打一处来，扬手给了冬子一巴掌，冬子跑到一边呜呜地哭去了，留下爸爸一个人坐在那里摇头叹气。

妈妈要懂的心理学：孩子爱拆装东西源于他爱探索的天性，妈妈要积极引导

像上面例子中这样的事情很多家长都曾经经历过。孩子从两三岁时起就喜欢拆装各种各样的玩具和家里的其他物品，一直到七八岁还“劣性”不改，让家长既担心又气愤，有时甚至不惜打骂孩子。

孩子为什么喜欢拆装东西呢？其实，这源于孩子喜欢探索的天性。几乎每个孩子对未知的世界都充满了好奇与探索的渴望，只不过有的孩子表现得强烈、明显，有的孩子表现得不够强烈、明显罢了。另外，相对而言，男孩子喜欢探索的天性表现得更淋漓尽致一些，而女孩子探索的天性表现得较“委婉含蓄”一些，尤其是对于七八岁的孩子而言这种对比更加鲜明一些。具体而言，孩子喜欢拆装东西无非就是想搞清楚那些玩具、小电器等是怎样工作的，是怎样发出一些稀奇的声音的……他们在拆装的过程中获得知识和答案，一般情况下他们不会过多考虑把这些东西拆开后会有什么后果，或者他们的好奇心超过了对这些后果的顾虑，这就是他们可贵的探索的天性。

他们在这个过程中不仅找到了答案，获得了知识和快乐，而且还锻炼了自己的动手能力和思维能力，开发了自身的内在潜能，这对他们的成长具有非凡的意义。所以，对于孩子这种探索的天性，家长一定要注意引导，而千万不能用打骂把孩子这种可贵的天性扼杀掉。例子中的冬子显然是一个喜欢探索的孩子，他自幼就喜欢拆装物品，这种天性非常可贵。可是他的爸爸却因为他拆了点读机而打了他，这对他探索的天性是一种无情的扼杀。可能从家长的角度想：我花了那么多钱让你学习，你却把它当做玩具一样来拆解，既损失了财物又耽误了学习，还不该打吗？家长的心理可以理解，但是更可贵的是什么？稍微理智地想一想，并不难得到这个答案。所以，当孩子拆装物品时一定不要急于打骂，而应当在问清缘由的情况下善加引导。当然，这里要特别注意，即便是支持孩子拆装，也要提醒孩子不要碰触一些电器等危险物品，免得受到伤害。

下面我们来看具体的方法指导。

叛逆期方法指导

方法一：问清孩子拆装的原因，因势利导

虽然孩子喜欢拆装的主要原因是出于爱探索的天性，但他们在具体的拆装时也许有各种各样的动机。针对不同的拆装原因，家长应当做出不同的决定和引导。比如，一般情况下孩子可能是出于好奇而拆装某种东西，也有的情况下孩子纯粹是出于搞破坏、恶作剧等，还有的时候是出于对家长的不满而产生的报复心理。当孩子出于好奇心而拆装东西时，首先要肯定他的行为，然后指导孩子合理的拆装；如果孩子是出于发泄不满情绪，那么就要安慰孩子，然后引导孩子利用正确的方式排解不良情绪，避免让他拿物品出气。

有一天，爸爸下班回到家，看到自己心爱的电动剃须刀被儿子小胜拆得七零八落，那可是朋友从国外给他带来的剃须刀，价值不菲。

看着散落的零件和一脸茫然的小胜，爸爸真想发脾气，但仔细一想，还是先问问儿子怎么回事比较好。他定了定神，和蔼地问道："儿子，你为什么把爸爸的剃须刀给拆了？""爸爸，我只是想知道它为什么能剃掉胡须，你往脸上轻轻一贴胡须就不见了，太神奇了！"小胜小心翼翼地说。"噢，原来是这样啊，可是这东西是爸爸的心爱之物，是爸爸花了不少钱请朋友从国外带来的。"爸爸不无惋惜地说道。"哦，我知道了，爸爸，真是对不起！"小胜似乎也意识到自己做得不妥。"不过，没关系儿子，以后再拆爸爸的东西，要征求爸爸的同意或者在爸爸的指导下拆解，好吗？"小胜听完爸爸的话，用力地点了点头。"来吧，儿子，爸爸和你一起来拆解剃须刀，给你讲一讲它的工作原理，希望你长大后能成为一名出色的科学家或工程师。"

说完，爸爸便指着桌上被拆掉的剃须刀零部件一一地为小胜介绍，并从网上查到了一些相关的电路图，让小胜明白它们的工作原理。爸爸的这一做法极大地满足了小胜的好奇心，让他获得了不少知识和快乐，还帮助他树立了远大理想。

显然，爸爸的做法很好地保护了小胜探索的天性，尽管剃须刀价值不菲，但孩子的探索天性更宝贵。生活中，有一些家长在看到孩子拆解了家中的一些物品后，火冒三丈，对孩子非打即骂，这不仅会扼杀孩子探索的天性，也会伤害孩子的自尊心，这种做法是不能教育出好孩子的。

方法二：满足孩子拆装的欲望，并告知孩子注意事项

有的孩子从小就有很强的探索欲望，喜欢拆解各种各样的小东西。有这种爱好的孩子一般探索和思考能力都比较强，为了有效保护孩子这种可贵的天性，家长可以适时地引导孩子，适当满足孩子拆装的欲望。

具体而言，家长可以把家中一些可拆解的玩具和一些废弃的小电器拿给孩子拆解，或者和孩子一起组装、复原等，在这个过程中要边拆边给孩子讲解，启发孩子思考，还要告诉孩子在拆装的过程中需要注意的一些事项等。另外，这里要特别提醒家长的是“安全第一”，不要让孩子带电操作，或拆解电视机、微波炉等大型的家用电器。

小磊从小就是一个喜欢拆装玩具的孩子，父母以及亲友给他买了很多玩具，但只要能拆得开的，他都拆了个遍。所以，现在家里现存的玩具基本上都是一些零部件，很少能见到完整的玩具保留下来。

妈妈是一位小学老师，刚开始时还做过几年幼儿园老师，所以她明白好奇心和探索欲对孩子成长的意义，所以无论孩子拆什么，只要没有危险，她都会支持孩子，有时候还会和孩子一起拆装。从幼儿园到现在，妈妈经常不定期地给小磊一些不用的物品或小电器等，让他尽情地拆解。

可是，一个周末趁妈妈不在家，小磊竟然拆起了家里的一台破旧电视机。幸好当时妈妈从市场买菜回来刚好看到儿子在拧电视机后面的螺丝钉，于是马上严厉地制止了他，妈妈告诉小磊电视机内部有高压电，即便是拔掉电源后，仍有高压电存在，如果不小心触碰就有可能会被电击伤。小磊听到妈妈的讲述，吓出一身冷汗。妈妈还告诉小磊，像电视机、电脑显示器、微波炉等家用电器在切断电源后内部仍有部分高压电

存在，所以一定不能拆装，否则会很危险。

有了妈妈科学合理的讲述和引导，小磊既发展了拆装探索的兴趣，也避免了不必要的危险。

满足孩子拆装欲望的同时，一定要注意安全问题，做到两方面兼顾，孩子才能快乐成长。

做事莽撞、不讲道理该怎么引导

叛逆期案例

加加是一个八岁的小男孩，很是顽皮，做事也是非常鲁莽，常常处于高度兴奋状态，不管是在学校，还是在家里，总是撞倒桌子、带倒椅子，摔碎碗、摔碎杯子。而且，经常还会做出一些“惊天动地”的事情，因而总是遭到妈妈的训斥：“天啊！你怎么又干这些吓死人的事儿！”总之，加加的鲁莽行为让他的妈妈头疼不已，生怕他哪一天弄出事来。

有一次，加加在学校食堂吃完午饭后，正要回教室，这时，同班有几个女生跑来跟他说：“加加，教室有人把门关上了，我们进不去教室了。”加加顿时火冒三丈，立刻跟几个女生跑回教室，想看个究竟。果然，教室门紧闭着，推也推不开。看到此景，加加不管三七二十一，把全身力气都集中在右脚，一脚朝门上踹去。幸好有人及时把门打开，否则这门“不残也要掉层皮”。

还有一次，加加的表弟过来玩，当时正好院子的桃子成熟了，那桃子又红又大，馋得表弟直流口水。看着表弟嘴角的口水，加加忍不住笑了，立刻卷起袖子，对表弟说："我上去给你摘几个下来。"表弟看着这棵高大的桃树说："表哥，树这么高，你不怕吗？""表哥当然不怕。"说完，加加"噌噌噌"地爬上树，在树上摸摸那个，挑挑这个。正挑得起劲时，脚下不小心踩到一根枯树枝，人和树枝一起跌落了下来，表弟被突如其来的情况吓得大哭起来。听到哭声的妈妈一头从屋里冲了出来，手忙脚乱地把加加送到了医院。检查结果很快出来，加加胳膊骨折了，在家养了几个月才恢复健康。

妈妈要懂的心理学：孩子出现莽撞行为是事出有因，妈妈要区别对待

对于七八岁的孩子来说，有的做事不紧不慢、认真细致，但有的却总是毛手毛脚、冲动行事。后面这种就是我们所说的行为莽撞的孩子，故事中的加加正属于此种类型，行事顽皮，不计后果。那么，到底是什么原因造成孩子莽撞呢？

孩子七八岁时，由于大脑皮层的抑制机能尚未完全成熟，皮质对皮下的控制和调节作用还很弱，使兴奋与抑制不能平衡，因此容易冲动。而且，七八岁的孩子往往好动、好斗，对运动有永不满足的欲望，因此头上撞个包、衣服被撕破是常有的事。

知识经验缺乏，也是七八岁孩子行事莽撞的一个原因。比如，有些孩子经常从高处往下跳，不是脚扭了，就是腿青了；有些孩子玩带尖的器具被刺伤；有些孩子尝某些不能食用的物品而中毒，等等。这都是因为他们缺乏相应的知识经验，不能预见其行为的后果而造成的。

我们对于孩子溺爱，也会导致孩子行事莽撞。如果我们什么事都依着孩子，那么，孩子只要稍不如意，他们就会大发脾气，乱摔东西；有的孩子遭到我们的打骂，有时会以打同伴、撞同伴出气，如果不及时制止，孩子会逐渐形成莽撞的不良

习惯。

莽撞，是孩子成长过程中不可避免的行为，如果我们对他们的莽撞行为长期采取忽视态度，会使孩子在种种莽撞行为的重复中形成不良的性格、习惯，成年之后就会表现出鲁莽、草率、浮躁、缺乏耐心、感情用事等特征。因此，如果孩子做事莽撞，经常伤害自己或他人，一定尽早采取措施，纠正孩子的这种坏毛病。

当然，孩子出现莽撞行为时，我们不能轻率地、粗暴地责骂孩子，而是要认真仔细地分析原因，根据不同情况进行适当的矫正。

叛逆期方法指导

方法一：让孩子亲身体验莽撞行为的后果

面对一个七八岁的莽撞孩子，首先应该经常提醒他做事之前先想一想后果。如果在孩子没有想后果而做了莽撞的事情之后，有时候并不用对他们大吼大叫，也不用苦口婆心地和他们讲道理，只要让他们尝尝自酿的苦酒，就能起到一定的作用。

有一个男孩在踢足球时，不小心把别人家的窗户玻璃给砸碎了。别人找到男孩的的父母，要求他们赔偿12.5美元。孩子的父母赔了钱之后，对儿子说：“这个祸是你惹的，你应该为自己的莽撞行为负责。钱我已经帮你垫上了，你要利用假期的时间打工，把这12.5美元还给我。”

结果，这个男孩干了整整一个暑假的活，才还清这笔钱。这个男孩就是后来的美国总统里根。后来，里根在回忆这件事时说：“通过自己的劳动来承担过失，使我懂得了什么叫责任。”

“自食其果”是教育莽撞孩子不可缺少的营养素。如果孩子因为自己的莽撞犯了错误，给他一个机会去体验莽撞带来的后果，这比我们的训斥与说教要管用得多。比如，孩子因为一点很小的事情与同学打架，结果把同学打伤了，我们在处理完事情之后，要把因处理这件事情所用的花费都在纸上列出来，让孩子看清他的一时莽撞给家里带来了多大的损失。然后跟他讲清楚，这些损失都应该由他来赔偿。最后，针对赔偿的具体细节进行商讨。

很多事情在孩子的世界里是没有道理的，我们只有让他们自己去体验，他们才会印象深刻，下一次才不会再犯同样的错误。

方法二：给孩子订立规矩

中国有一句老话：“没有规矩，不成方圆。”人类的行为都是有章可循，有规可依的。如果从小不给孩子订立一定的规矩，对其娇惯溺爱，百依百顺，我们就会失去作为父母应有的威信，使孩子变得任性、莽撞、不听话。

很多七八岁的孩子经常会爬上很高的墙头往下跳，或举着大树枝向同学挥舞，这都是莽撞的行为。从高处往下跳，很容易扭伤，或者造成骨折；举着大树枝乱舞，很容易划伤同学的脸或者眼睛。如果孩子经常有这些行为，我们就要及早地给孩子订立规矩，不允许他们以后再这样做。

在立规矩时，我们要明确地告诉孩子，这样做会产生什么样的后果。最好，这个后果跟孩子的切身利益有关。比如，不让孩子爬高墙时，要让他知道，这样做很容易摔伤，会进医院，到时候就不能跟同学一起玩了。立规矩时，我们也要告诉孩子，如果他不遵守规矩，后果会怎么样。比如，不让他拿着大树枝乱舞，如果违反了，就罚他洗一个星期的碗，或者取消本周末的游玩计划。当然，规矩订了之后，就一定要坚决执行；否则，一切都只是空谈。

方法三：积累孩子的生活经验

国内著名教育家陈鹤琴曾经说过这样一句话："孩子的知识是从经验获得的，而孩子的生活本身就是游戏。"我们应帮助孩子广泛接触各种事物，积累生活经验。同时，借助孩子莽撞行为造成的后果，使他们接受教训，并懂得一些生活常识。如当孩子因为玩火、玩水、玩刀而受伤时，我们就可以趁热打铁，及时给他们讲解有关知识，增加他们的生活经验，减少莽撞行为。

七八岁的孩子往往还不清楚什么是勇敢，什么是莽撞，如今不管是电视剧，还是电影，甚至是孩子们看的动画片，都有很多打打杀杀的镜头，里面的人物常常都具有超能力，可以刀枪不入，可以踏空飞行……七八岁的孩子理解能力比较差，看到这些镜头后，他们可能认为是可行的，从而加以模仿。因此，当孩子看到电视中的某位"英雄"做了什么勇敢之举时，我们要告诉孩子，生活中没有这种有超能力的人，我们不应该学他们的这种勇敢行为。

方法四：教孩子学会等待

耐心被认为是一个人心理素质优劣、心理健康与否的衡量标准之一，也是孩子未来成功的关键因素之一。行为莽撞的孩子最需要的是培养其耐心，让他们学会等待。

有一个缺乏耐性的孩子，他每天只知道玩，对书本一点兴趣都没有。

一天，父亲拿来一个沙漏，并且装满了沙子，他对孩子说："这是古时候的钟，里面的沙子全部漏掉时，整好是三分钟。"孩子第一次看到这个东西，很想玩一玩，这时父亲说："现在我们用这个沙漏作为计时器，一起看故事书，每次就以三分钟为限，怎么样？"孩子想都没想就答应了。

孩子第一次静静地坐下来听爸爸讲故事。当然，他根本就没有留意爸爸在说什么，而是一直在看着那个沙漏，三分钟一到，便跑出去玩了。父亲没有气馁，他决定多试几次。果然，很多次以后，孩子的注意力渐渐转移到故事上了。虽然约定的是三分钟，不过到时间之后，因为故事非常吸引人，孩子便要求延长时间，但父亲却认为时间已到，不肯继续讲下去。孩子为了知道故事的结局如何，就自己主动去阅读了。

如果孩子只要提出要求，都会立即得到满足，那么，他们就会产生一种错觉：我想要什么东西，就应该马上得到。这样的错觉，会使他们更加变得冲动、缺乏耐心。因此，我们要让孩子感到，想要处处得到满足是不可能的。当孩子向我们表达某种愿望时，我们要告诉孩子："你需要等一等。"当然，我们也可以要求孩子认真做好某件事，然后再满足他的要求。

孩子过分自私自利要不得

叛逆期案例

晓茹有一个同事过生日，大家都到她家聚会，这位同事有一个七岁的宝贝女儿，刚开始，小女孩给大家的印象还是比较好的，但是在吃饭时，因为她的一个动作和几句话，使大家对她产生了新的看法。事情是这样的：大家围在一起吃饭时，她不让大伙儿吃她们家的东西，有人夹菜时，她就马上拨开别人的筷子，将好吃的菜全挪到自己面前，嘴里还一个劲地嘀咕："想吃我们家的东西，没门！"大家先是一愣，然后你看看我，我看看你，一时不知道该怎么办，谁也没想到孩子会是这样。

因为小女孩的自私行为，妈妈更为尴尬，赶紧说了她几句。她一时觉得委屈，顿时就大哭起来，结果这次生日聚会弄得大家都比较扫兴。

妈妈要懂的心理学：七八岁的孩子，他们往往单纯地认定"我即世界"

在生活中，像例子中这个小女孩一样自私的孩子有很多：凡事以自我为中心，过分关心自己，不顾他人的感受；自己的东西不愿与人分享，而别人的东西却拿得越多越好。这种孩子往往是老虎屁股摸不得，只能占便宜，不能吃亏，只会抢先，不会谦让。对于孩子自私自利的行为，教育得太重，孩子“哇”地一声就哭了，还得过去哄；教育得太轻，就像隔靴搔痒，起不到什么作用，这令很多父母都头疼不已。

孩子产生自私的倾向或心理，原因是多方面的：

一是源于孩子天生的利己倾向。七八岁的孩子，心理发展还未达到成熟阶段，他们往往单纯地认定“我即世界”。因此，他们常常以自己的需要和兴趣为中心，多从自我考虑问题，以自己的经验去解决和认识问题，很少关心他人，这是该年龄段心理发育的正常表现。

二是由于父母对孩子的无限溺爱所致。现在大部分的家庭只有一个孩子，父母对孩子的万般宠爱和处处迁就，使他们的自我意识观念增强，吃要吃好的，穿要穿好的，玩要玩高档的，家里任何事都必须以他为中心。如果达不到要求，就大哭大闹，结果不管要求合理不合理，父母都一切听从孩子。这种过分地宠爱和迁就，久而久之就使孩子形成了以自我为中心的个性倾向。

自私的孩子因为心胸狭隘，会很难讨人喜欢。即使他们学习成绩再好，也不会得到同学的拥护，因为没有人喜欢自私的人。他们的人际关系常常会搞得非常糟糕，很难交到知心朋友。因此，当我们发现孩子有过于自私的苗头时，不要放任自流，应该马上采取切实可行的方法予以引导和教育，七八岁的孩子可教育性强，只要认真对待，方法得当，就能收到良好的效果。

叛逆期方法指导

方法一：不要给孩子“特殊”待遇

大多数家庭只有一个孩子，父母往往过分地疼爱，百般地关心，结果致使孩子想要怎么样就怎么样，不会去考虑和关心别人，一切只顾自己，满足自己的欲望。因此，要防止孩子过分自私，一定要把疼爱和严格要求结合起来。尽量避免给孩子特殊的待遇，而要让他知道自己与别人是一样的，没有任何不同的地方。

晚上，八岁的昊昊跟爸爸妈妈一起吃晚饭，一上饭桌，昊昊便用筷子在鸡肉盘里乱翻。妈妈问他在挑什么，昊昊头也不抬："在找鸡腿呀！"妈妈故意逗他说："今天可以把鸡腿让给爸爸妈妈吃吗？我们也喜欢吃呀！"没想到儿子却飞快地把鸡腿夹进自己碗里，大嚼起来，嘴里还一边说："你们还是吃鸡脖、鸡爪吧！"

看到昊昊的态度，妈妈意识到，这都是因为自己和他爸以前每次吃鸡肉时，总是把最好吃的鸡腿夹给儿子造成的后果。

以前，昊昊刚开始上饭桌吃饭的时候，爸爸妈妈总是夹鸡腿给他吃，为此他也曾不解地问爸爸妈妈为啥让他吃鸡腿。当时爸爸妈妈告诉他因为鸡腿肉是最好吃的，所以他们把最好吃的都让给了他。可是，现在昊昊却把这份爱当成了理所应当，真是令爸爸妈妈伤心。

原来，昊昊自私的毛病正是父母一天天培养起来的。现在看来，他们必须检讨并改正自己爱孩子的方法了。

父母对孩子的爱是无私的，而这种无私的爱，往往会使我们不自觉地把最好吃的苹果让给他们，把最好吃的鸡腿夹给他们。但是，我们却不明白，当自己一次次把最好的东西夹给孩子的同时，也在不经意间把自私的毛病夹进了他们的碗里。

前苏联教育家马卡连柯早就指出：人们时常说，我是母亲，我是父亲，一切都让给孩子，为他牺牲一切，甚至牺牲自己的幸福，这恐怕是父母送给孩子的最可怕的礼物了。这种可怕的礼物可以这样来比喻：如果你想毒死你的孩子，你就给他吃一剂足量的你个人的幸福，这样他就可以被毒死。

因此，为了纠正孩子的自私行为，我们不要再过分地去照顾孩子，而是要努力地和孩子平起平坐。比如我们饿了，孩子那里有吃的，打一声招呼，拿过来吃就行了，用不着什么“请示”。父母要给孩子做出“维权”的榜样，向孩子证明“不光你有喝水的权利，我也有”，这样才是真正的平等。

方法二：教孩子学会分享

有人曾对小学生做过一项调查，他们问：你妈妈喜欢吃什么？你爸爸喜欢吃什么？你喜欢吃什么？结果，有九成的的小学生回答说：爸爸妈妈爱吃鱼头和鱼尾，我爱吃鱼身。可见，这些小学生并不懂得父母的良苦用心！

之所以会造成这种现象，是因为父母对孩子的关爱。但这种关爱一旦升级为溺爱，就会导致孩子自私自利、斤斤计较，使孩子养成吃独食，不愿与他人分享的坏习惯。因此，我们有必要引导、启发、教育孩子学会分享。

妈妈给八岁的儿子小乐买了一个遥控飞机，正当他一个人在院子玩的时候，邻居家的一个小男孩看到后，也跑过来想和他一起玩，但小乐却始终不答应。无奈之下，那个小男孩便对他说：“以后我再也不跟你玩了。”说完转身便要回家。

这时，小乐可能感觉到如果不和他分享玩具，就将失去这个小伙伴，于是赶紧说：“好，那我们一起玩吧！”于是把飞机的遥控器给了小男孩，两人一起高兴地玩着。这时，一直站在旁边的妈妈问儿子：“两个人一起玩高兴吗？”小乐兴奋地说：“高兴！”妈妈便进一步地开导他说：“有好的东西，应该和朋友一起分享才对，要不然你就要失去好朋友了。”小乐笑着点了点头。

例子中的这位妈妈教育得很是及时，孩子以后如果有什么好玩的东西，一定会和其他的小朋友一起分享的。教孩子学会分享，我们可以从孩子最在乎的食物开始，如果孩子独占的话，我们就要把食物拿过来公平地分开，不能再放任不管。起初，孩子可能会大哭大闹，但我们绝不能让步，一定要坚持到底。

在日常生活中，我们也要尽量为孩子提供一些练习分享的机会，如买回来什么好吃的食物时，不要全部给孩子吃，要让孩子亲自把食物分给家庭成员，与家人共享，要使孩子意识到，这些东西不仅他可以吃，爷爷奶奶、爸爸妈妈都可以吃；玩耍时，引导孩子与其他小朋友一起玩他心爱的玩具，让他体验与人分享的乐趣。当孩子乐于把自己的食物和玩具拿出来与人一起分享时，我们应给予及时的肯定、赞许，这样，孩子将会努力地使自己逐渐改掉自私、小气的毛病。

方法三：不合理的要求坚决拒绝

要纠正孩子自私的观念，我们就不要一味地迁就孩子的不合理要求，甚至是合理的要求也不可百分之百给予满足。要知道，人的欲望是滋生自私的根由。台湾有一位亿万富翁，他对孩子的物质要求一般只满足四分之一，可谓用心良苦。

对许多父母来说，要拒绝孩子不合理的要求，最难的其实还是将态度坚持到底。有些父母当时不迁就，可是经不住孩子的纠缠，过一会又予以满足，这是最失败的。因此，对孩子的不合理要求一经表示拒绝，就不要再回头表示答应，一定要坚持到底。

当然，我们在明确拒绝孩子不合理的要求时，要把理由和原因好好讲给他听，要让他明白爸爸妈妈为什么不满足他的这个要求。其实，孩子比我们想象的要懂事得多，只要我们的态度不生硬，孩子一般都会听得进去的。比如，不给他买奢侈品或者多余的玩具，我们可以告诉他："这些玩具太贵，如果买了这些玩具，那么你上学的钱和我们全家吃饭穿衣的钱就不够了，'虚荣''奢侈'对人是有害的。"

第三章

耐心疏导，培养孩子健康人格

孩子爱撒谎大多是怕挨骂

叛逆期案例

小军今年读二年级，以前一直都比较听话，学习也不错。不过，从这个学期开始，父母发现小军的玩心似乎越来越重。每天放学一回到家，不是看动画片，就是玩电子游戏。问他写作业了没有，不是说老师没有布置作业，就是说老师布置的作业少，他在学校就做完了。父母虽然对小军的回答有疑虑，但因为最近的工作都比较忙，也就没有找老师核实。

直到前两天，小军的老师给家里打来电话，父母这才知道了事情的真相：原来小军一直都在撒谎，其实老师每天都布置了家庭作业，但小军却已经连续好几天没有交作业了。而且，小军在学校的表现和学习都不如前一段时间好。

得知事情的真相之后，父母的气不打一处来。小小年纪竟然学会撒谎了！于是父母狠狠地批评了小军一顿，但没想到儿子却很倔犟，一副不服气的样子。后来，父母又发现小军撒过好几次谎。小军的父母不明白儿子为什么要撒谎，虽然每次都苦口婆心地对他进行教育，可他为什么就是屡教不改呢？

这让小军的父母很是着急，除了担心孩子的学习外，更担心的是孩子因为说谎而变坏了。

妈妈要懂的心理学：说谎是儿童因为害怕说实话挨骂而寻求的避难所

和故事中的小军一样，在生活中，七八岁的孩子因为各种情况而撒谎的现象非常常见，孩子撒谎大多是为了逃避惩罚或者是为了达到某种目的，比如例子中的小军为了逃避做作业而撒谎。当然，这个年龄段的孩子心理承受能力都比较弱，也不排除对学习有畏难情绪，担心作业不会做或做错了而引来父母的责备，因此撒了谎。孩子说谎是父母非常头痛的事，就如小军的父母一样，有很多父母都曾经为孩子撒谎而苦恼过。

英国的哲学家罗素曾说："孩子不诚实几乎总是恐惧的结果。"美国著名儿童心理学家基诺特在分析儿童说谎的原因时，也提道："说谎是儿童因为害怕说实话挨骂而寻求的避难所。"很多孩子为了避免父母对自己的打骂、老师对自己的批评，都会想出各种理由来推卸自己的责任，或掩盖自己的错误，因此而撒谎。特别是已经有过做错事而被训斥、惩罚经验的孩子，为了避免惩罚，更会捏造谎话来掩饰错误。这种谎言在孩子身上最为常见。

对于七八岁的孩子来说，都希望得到大人的表扬，有时候为了博得父母或老师的赞赏，也会"谎报军情"。比如，有的孩子没有达到父母或老师的期望——期终考试各科都在90分以上，但又想得到父母的赞美，于是，孩子为了取悦父母而说谎。

孩子爱撒谎，有时候是因为虚荣心在作怪。为了赢得老师同学的关注，他们往往容易胡编乱造，通过夸大事实，用吹牛的方式来吸引他人的注意，希望借此来提高和巩固自己在他人心中的地位。

孩子的撒谎还和父母的言行有关。意大利著名幼儿教育家蒙台梭利说：“说谎是心理畸变中最严重的缺点之一。”撒谎是一种很深层的心理活动，七八岁的孩子一旦养成这种习惯，就非常难以改正。因此，我们一定要想办法纠正他们爱撒谎的坏习惯。

叛逆期方法指导

方法一：给孩子一个没有恐惧的环境

有的父母在发现孩子撒谎后，总是不由分说，一顿打骂，以为这样可以起到教育的作用，其实这是大错特错的。面对孩子的谎言，打骂是无法解决问题的，只会加深孩子对惩罚的恐惧，也许他的下一次说谎会更加天衣无缝，让我们无从识破。

当我们知道孩子撒谎之后，先不要对他动怒，应给他一个接纳与理解的表示，然后弄清他撒谎的原因，再采取合理的方式教育他。一个没有责难的温暖环境，会让孩子知道他实在没有撒谎的必要。

一个周六的上午，小芹告诉妈妈说自己要去少年宫学书画，妈妈答应了她的要求，并嘱咐她早点回来。过了几天，妈妈偶然得知那天少年宫根本就没有开门。晚上，小芹放学回家后，在妈妈的再三追问下，小芹才说出了实情，原来她和几位同学相约去了动物园。得知女儿撒谎后，妈妈气得指着小芹的鼻子狠狠地骂了一顿。

被妈妈责骂以后，小芹晚饭也没有吃，只是坐在自己的房间里发呆。等心情平静下来以后，妈妈才意识到刚才对女儿有点太过。于是来到小芹房间，轻轻地对女儿说：“刚才妈妈吓着你了吧？撒谎是一种很不好的行为，现在能告诉我你为什么要撒谎吗？”

小芹抹了抹眼睛说：“我上午就答应了同学要去的。”妈妈追问道：“那为什么要撒谎呢？”小芹答道：“你们平时对我要求这么严，如果我直说的话，你们很可能拒绝我，这样，我会在同学面前很没面子，在他们面前我就成一个不讲信誉的人了。”

听完小芹的解释，妈妈陷入了一阵沉思，心想：难道自己真的对仅仅才八岁的女儿太严了吗？

可以看出，其实小芹的谎言背后还有一份诚信。孩子犯错是在所难免的，但作为父母，我们要创造一个民主和谐的家庭氛围，多站在孩子的角度想一想，多关注孩子内心的需求，尊重孩子的意愿。如果孩子与自己的父母关系非常融洽，如果自己合理的要求可以得到满足，自然会说出自己的心里话，也就没有必要在父母面前撒谎了。

方法二：避免给孩子贴上“说谎”的标签

美国心理学家贝克尔说过：“人们一旦被贴上某种标签，就会成为标签所标定的那种人。”七八岁的孩子内心都比较敏感，他们缺乏较强的是非判断能力，容易受外界影响，这就需要我们一定要设法保护好孩子稚嫩的心灵。

孩子的情感态度最为直接，我们给他贴上什么标签，他就会变成与标签一样的人。比如孩子撒了一次谎，我们很生气，往往会说：“你这孩子怎么老爱撒谎”；比如，孩子的某一次考试没达到自己的要求，我们很失望，就批评他“大笨蛋”“不是读书的料”……这种不良的标签会使孩子的心里产生“我的确不行”的感受，从而对自己的能力产生怀疑，进而对自己失去信心，并朝着标签所指的方向“发展”。

因此，我们不能因为孩子一次撒谎，就认定孩子永远撒谎，给孩子贴上“谎话专家”“吹牛大王”等标签。这样做，很容易让孩子“破罐子破摔”，形成恶性循环，真正变成一个“谎言专家”。

方法三：父母要端正自己的言行

“有怎样的父母，往往会有怎样的儿女。”孩子是善于模仿的。如果他们发现自己的爸爸妈妈常常说谎和不遵守诺言，久而久之，孩子无形中就从父母那里学会了说谎。因此，要克服孩子说谎的毛病，我们首先要检查自己的行为方式。

星星的妈妈经常教育星星不要撒谎，要做一个诚实的孩子。一天晚饭后，爸爸在卫生间洗澡，妈妈在厨房洗刷碗筷，而星星正悠闲地坐在沙发上看电视。这时，电话响了，妈妈让星星赶紧接电话，听说对方是找爸爸的，于是星星大声对妈妈说：“是找爸爸的！”妈妈怕爸爸一旦出去一时半会儿又回不来，于是走出厨房拿起电话，对着听筒说：“你好，孩子的爸爸不在家。”

像星星妈妈这种两面派的做法，如何能教育好孩子？虽然星星妈妈不希望星星爸爸晚上再出去了，但也不能当着孩子的面说谎。星星妈妈可以对打电话的那个人说：“他现在正好有点事情，不方便接电话，等一下叫他回您电话好吗？”这样，既讲了真话，也给孩子树立了一个讲真话的榜样。

七八岁孩子的模仿力是很强的，我们说一句谎话，自己可能认为算不了什么，但这可能就会成为孩子撒谎的样板。因此，我们一定要以身作则，做好孩子的表率，不让自己成为孩子说谎的模仿对象。

孩子爱慕虚荣、喜欢攀比要不得

叛逆期案例

有一个七岁的小男孩，家庭条件比较好，于是他爸爸把他送到了一所“贵族”学校读书，这里的孩子家庭都比较富裕。

有一天下午，爸爸准备开车接儿子回家，但在接孩子的路上汽车出了故障，爸爸只好勉强把车开进了附近的维修店，并从这家修理店里借了一辆面包车，开着去接孩子。

当他在学校门前的空地上停好车，正准备去门口接儿子时，正好看见儿子和其他小朋友一起走了出来。于是，他就满脸微笑地走过去接儿子，这时旁边的小朋友就问：“这是你爸爸吗？”可能是孩子刚刚看见爸爸开着一辆破面包车过来的，竟然回答说：“他不是我爸爸，是我们家的工人！”

这位爸爸听完儿子的话，顿时怔在那儿了，心想：“儿子什么时候变成这样了，连老爸都不认了。”

妈妈要懂的心理学：模仿力和好奇心很强让孩子很容易形成攀比心

仅仅七岁的孩子，为了满足自己的虚荣心，连自己的爸爸都不认，真是让人心寒。这种“六亲不认”的虚荣心，正是源于孩子们的攀比心理。攀比心理是一种不愿落后于人、争强好胜、物欲很强的内心综合流露。如果放任孩子这种心理发展，那么将来发生的就不是“六亲不认”这么简单，甚至会使得孩子在成长过程中出现更严重的问题。

每个人都有攀比之心，七八岁的孩子也不例外。七八岁的孩子对是非的辨别能力比较差，和小朋友在一起，很容易在彼此影响下产生攀比心理。而且，这个年龄段的孩子表现欲望都很强，当他想得到别人的关注或者感到没有受到足够的关注时，就会用好看的玩具，漂亮的衣服或者受到奖励等行为，来吸引大家的注意。

孩子出现攀比心理，与父母也有一定的关系。有些父母怕自己的孩子被人瞧不起，无论孩子要什么都无条件满足，这自然就助长了孩子的攀比心理。许多父母自己就存在着盲目攀比的行为和心理。处在这样的家庭环境下，孩子难免会受到不良影响。

总之，七八岁的孩子正处在成长发育阶段，对事物还缺乏正确的判断、分析能力，攀比心理必然会给孩子的身心健康带来消极的影响，甚至使孩子的自信心在攀比中逐渐丧失。因此，当孩子出现与人攀比的苗头时，我们一定要认真对待，并采取必要的方法加以纠正。

叛逆期方法指导

方法一：不要放纵孩子的消费欲

很多父母都把自己的孩子当做掌上明珠，对孩子的消费需求有求必应，尤其是在孩子七八岁上小学时，要什么就给买什么，甚至拿自己的孩子与别人家的孩子相比来显示自己有身份、有地位。殊不知，父母对孩子过分宠爱与迁就，会让孩子滋生攀比心理。

张扬来自于农村，父亲不幸早亡，一直和母亲相依为命。虽然家庭条件不是很好，但为了弥补孩子失去的父爱，妈妈对张扬非常溺爱，从来不计较他的吃穿花费，只要是别的孩子有的，她都会给孩子买。所以，张扬在读小学的时候，在同学中就很有优越感，他感到很满足。

但上了城里的中学以后，情况就开始发生了变化。因为大部分的中学同学都来自城里，生活消费水平比较高，无论是穿的，还是用的都非常有档次。相比之下，张扬就显得有些寒酸了，以前的优越感慢慢地消失殆尽，心理也开始渐渐失衡。

为了跟同学比吃、比穿，满足自己的虚荣心，张扬每次放假回家都要向妈妈要很多钱。刚开始时，妈妈给得还很大方，但后来张扬一次比一次要得多，这让妈妈实在是无法承受，于是拒绝了他几次。

张扬吃了几回闭门羹后，心理渐渐地产生了不平衡："别人有的我为什么不能有，这根本就不公平。"于是，张扬就开始偷同学的钱，竟然好几次都轻易得手了，就这样，张扬的胆子越来越大，愈陷愈深，最后竟伙同他人一起入室盗窃，结果被抓。

从这个例子我们可以看出，张扬最后发展为盗窃犯，与他母亲的溺爱是密不可分的，正是因为母亲从小对张扬百依百顺，要什么就给什么，才养成了他的虚荣与攀比心理，当母亲无法满足他的要求时，他便不惜铤而走险。

人总是有欲望的，七八岁的孩子也是如此，如果无原则地给予满足，就会助长他们的攀比之心。所以，不管家里的经济条件如何，都不能放纵孩子的消费欲，应有目的、有计划地加以引导，逐步纠正孩子追求穿戴、爱慕虚荣的坏习惯。

方法二：给孩子灌输节俭的观念

现在七八岁的孩子花钱大手大脚的情况相当严重，甚至很多孩子不以乱花钱为耻，反以乱花钱为荣，认为谁的钱多，谁就威信高。这使得一些孩子为了赢得比同学更高的威信，便想方设法从父母那里要钱，然后在同学面前潇潇洒洒地花钱，以显示自己的大方。

而且，许多父母在孩子要钱和花钱的问题上也缺乏必要的限制，总是放任自流，有求必应。也有不少父母以孩子身穿名牌为荣，认为孩子穿得体面，父母脸上也有光，认为做父母的苦一点不算什么，再苦不能苦孩子。这种教育思想有意无意地助长了某些孩子图虚荣、摆阔气的意识，使之恶性膨胀。

某地有一位“大款”，因一时高兴，竟一次性给了还在读小学的儿子五万元。从此，孩子便在学校“牛”气十足，到处与人比吃、比穿，总之，在吃、穿、玩上不能有人超过他。在学校，雇人做值日、做作业；在家里，生活起居也由保姆侍候。结果，这位原来成绩还不错的孩子很快在学校里存款成了第一，当然学习成绩却成了倒数第一。

孩子手中的钱来自父母，从根本上来看，孩子的浪费是父母约束不力造成的。有一位母亲说：“我这一辈子就这样了，不能让孩子也像我这样，看着孩子穿得体面、吃得舒服，我心里高兴。”

美国的詹姆斯·杜布森博士在《孩子管理法则》一书中提出的寻找疼爱和管束之间平衡的五条原则中，有一条就是不要让孩子沉浸于物欲之中。常言说“严是爱，惯是害，不管不教要变坏”。在孩子的物质生活方面，父母千万不能迁就放任，娇纵溺爱，要严格要求，这样才能防止孩子滋生攀比心理。

方法三：改变孩子攀比的兴奋点

孩子如果有攀比心理，这也说明他的内心有与人竞争的意识，想超越别人，或达到比别人高的水平。因此，我们要适时抓住孩子的这种竞争意识，改变孩子比吃穿、比消费的倾向，引导孩子在学习、良好习惯等方面与人攀比。

比如，当孩子说她同学昨天买了一件很昂贵的衣服，她也想要一件时，我们可以告诉她，衣服昂贵，但不一定漂亮，然后从穿着的整洁美，颜色的搭配美等方面去改变她的攀比的兴奋点。又如，当孩子埋怨老师总是表扬某同学时，我们可以和孩子一起找出这个同学身上的优点，引导孩子暗中努力与这位同学比一比，看能不能超过他。

我们可以引导孩子了解更多的事物，如有意识地让孩子多接触钢琴、舞蹈、绘画等方面的知识；如培养孩子对于文学、历史、地理、自然等多方面的兴趣。孩子的兴奋点转移了，就不会太局限于与其他同学攀比了。

方法四：作为家长，自己不能再虚荣下去了

俗话说“大狗爬墙，小狗学样”。七八岁孩子的成长离不开父母的正确教导，我们的一举一动都会对他们产生影响。比如我们在孩子面前肆无忌惮地说贫比富时，不能分辨是非的孩子很快就会学会比富。因此，我们要从自身做起，尽量避免在孩子面前嫌贫爱富或者做出没有意义的攀比之事，要时刻为孩子做出正确表率。同时也要教育孩子不攀比、不比阔，不能动辄就给孩子买一些昂贵的学习用品等。

孩子嫉妒心强是怕自己比别人差

叛逆期案例

七岁的玲玲是一个非常可爱的小女孩，她有一个比她小一岁的小表弟，两人的关系非常要好，她经常把好吃的零食和好玩的玩具拿给弟弟，很像个小姐姐，但唯一的缺点就是嫉妒心太强。如果有人当着她夸奖弟弟，而把她给忘了，她就会把给弟弟的东西统统收回来，然后在一旁撅着嘴巴生气。

有一次，儿童节到了，玲玲的妈妈给玲玲和她的小表弟各准备了一个小礼包。当把两个小礼包送给他们的时候，玲玲发现自己的礼包用的是黄色包装纸，而小表弟用的却是红色包装纸，于是大哭起来，还把手上的礼包狠狠地扔在了地上。说妈妈偏心眼，给小表弟的礼物好，只喜欢小弟弟。妈妈看着这个“小气包”，当着她的面把两包礼物都拆开了，原来这一黄一红的两包礼物其实是两个一模一样的文具盒。见此情景，玲玲这才破涕为笑。

妈妈看到这一幕，心里不禁有点担忧：才七岁多的孩子，嫉妒心怎么会这么强呢?

妈妈要懂的心理学：孩子嫉妒心强，是因为他怕比别人差或比别人落后

和大人一样，像玲玲这样七八岁的孩子也会有一定的嫉妒心，而且他们的嫉妒心理往往更加强烈且奇特。当别人比自己强、比自己好、比自己的东西多时，孩子最容易萌生嫉妒心——

“妈妈，佳佳的文具盒比我的好看！”

“妈妈，姐姐怎么又买新裙子了？”

“妈妈，娇娇这次去市里参加书法比赛，什么奖都没拿到。”

孩子这就是在告诉我们，他们在嫉妒同伴。面对孩子的嫉妒心理，许多父母都不知所措，而且甚为担心，不知道该怎么办。

孩子的嫉妒，是对同伴中在智力、容貌、地位、成就及其他条件，比自己强或比自己优越的孩子怀有的一种不安、痛苦或怨恨的情感。大多数孩子都是争强好胜的，他们都希望自己什么都比别人好、比别人强。但因为年龄比较小，认识水平有限，他们认为说别人好就等于是说自己差，不能把要想超过别人自己就需要不断学习、不断努力联系起来，而仅仅只是希望别人不如自己。这是七八岁孩子产生嫉妒心理的认识根源。

另外，七八岁的孩子情感是比较脆弱的，他们经不起比较和不公正的评价，很多父母经常会拿自己的孩子和别的孩子作比较，说自己的孩子哪儿哪儿不如别人，父母的本意是想让自己的孩子去学习别的孩子身上的优点。但是他们没有想到，这样做会让孩子觉得父母爱别人，不爱自己了，从而使他们的情感受挫，产生不服气的心理，导致嫉妒。

为了巩固孩子的成绩或者优点，很多父母经常会对他们进行鼓励和表扬，以此来增强他们不断进步的自信心。但是，过多的、不恰当的鼓励和表扬，却会使孩子产生骄傲情绪，他们会以为只有自己才是最好的、最棒的，没有人比得过自己，进而看不起他人，如果有人说他某个方面比不上别人时，他就无法接受，于是产生嫉妒心。

通常嫉妒心强的孩子，好胜心也比较强，他们会为在某一方面超出同龄人而付出双倍的努力。因此，从这一方面来说，嫉妒心也是一种积极向上的心理。所以，我们要做的，是要解决孩子因嫉妒心而产生的虚荣、攀比、说谎、任性等负面因素，使嫉妒的消极作用向积极方面转化，激发孩子的竞争意识和自强信念，培养孩子的创造精神。

叛逆期方法指导

方法一：帮孩子建立自信，化嫉妒为进取

心理学家认为，缺乏自信心的人更容易产生嫉妒心。因此，我们应该引导和鼓励孩子自尊和自强，逐步树立其自信心，自信心不但可以帮助孩子克服嫉妒的心理，更有利于他们塑造自我。

蓉蓉和好朋友小苹都是三年级的学生，小苹的作文写得非常好，几乎每次都会受到老师的表扬，这让蓉蓉很有些不服气，于是对其他同学说："她写的作文，我好像在哪里见到过。""她妈妈花钱请家教辅导她。"因为这些事毫无事实根据，反而引起了大家的反感，这让蓉蓉很受打击。

妈妈弄清情况以后，对女儿说："容易生嫉妒心的人，心里总觉得自己不如别人，又没有信心赶上别人。所以，只要有自信，就能化嫉妒

为进取。”女儿一听，顿时振奋起来，连问妈妈该怎么做。于是，妈妈和女儿一起制订了计划，一方面虚心向好朋友小苹学习写作技巧，争取赶上对方；另一方面发扬自己的长处，比如，蓉蓉的数学比较好，就继续努力，争取考到更好的成绩。

就这样，蓉蓉的自信心建立起来以后，不仅写作水平提高了一大截，嫉妒心也随之慢慢地消失了。

缺乏自信心的孩子总喜欢强调自己的弱点，而且那种低人一等的感觉更容易刺激他们的嫉妒心理。这时，我们就要帮助孩子找出他们的弱点和不足，帮助他们努力克服。比如，当孩子看到别的小朋友画的画比自己的好而产生嫉妒时，我们可以帮助孩子提高画画的水平。这样，孩子在比较自己和其他孩子的画画水平时，就能够有足够的自信，不会再因为自己没有信心而导致嫉妒他人。

方法二：尽量不要拿孩子与别人对比

很多父母都喜欢拿自己的孩子与他人作比较，甚至拿其他孩子的优点来比自己孩子的缺点。比如孩子的语文成绩不太好，于是就说：“你看你同学××的语文成绩多好，每次都考90分以上。”比如孩子有点调皮，于是就说：“你瞧××多听话，爸爸妈妈从来都不为他操心。”

要知道，父母总拿自己的孩子和别人的孩子去比，会使孩子的内心受到很大的伤害，他们将很难认识到自己的优点和长处，也无法树立起自己的自信心，不仅如此，他们还会对父母表扬过的同伴产生很深的憎恨和嫉妒心理，这样的后果是惨重的。

有一次，妈妈带着七岁的兰兰去商场买东西，路上遇到了一位女同事，这位女同事也正好带着她的女儿，那个小女孩长着一头可爱的鬈发，非常漂亮。兰兰的妈妈抱起那个小女孩连连夸赞："这小姑娘真漂亮，尤其是这头小鬈发，太可爱了，只可惜我女儿的头发是直的。"妈妈没有注意到，自己的女儿在旁边已经把嘴撅得老高。

第二天吃完早饭后，妈妈正要去洗碗，女儿却拉着她的手说要去美发厅，也要把头发烫成鬈发。妈妈这时一下子就意识到是自己昨天对那位女孩的评价，引发了女儿的嫉妒心理。从那之后，这位妈妈就再也没有评价过女儿的头发，也不再拿女儿和别的孩子作无意义的比较了。

爱孩子，就不要拿自己的孩子与他人作比较。我们可能注意不到，在谈论其他孩子时一句无心的夸赞，或者只是一个微笑都可能被孩子解读为"比较"。尤其是当孩子在某一方面做得不好的时候，他们更容易对那些有能力做好的孩子感到嫉妒。因此，我们在生活中，不要拿自己的孩子与别的孩子比较，而是关注自己孩子每一个微小的进步。毕竟，各人有各人的天赋，各人有各人的性格，各人有各人的能力。

方法三：承认孩子的感受

其实，每个人都有嫉妒之心，只是孩子不懂得掩饰而已。当孩子表现出嫉妒的感受时，我们不要即刻站出来否定，而是应该给予承认和接受。如果他们的情绪得到承认，那么，他们的愤怒往往会减弱甚至消失，接着我们再进行引导，就更容易减弱甚至消除孩子的嫉妒之心了。

一位妈妈最近发现读小学一年级的儿子，好像与他的一个好朋友开始疏远了，有时甚至还处于敌对状态，于是妈妈问儿子与好朋友之间发生了什么事情，儿子告诉妈妈说，他的那个朋友得到了一辆遥控赛车。妈妈便问儿子心里的感受如何，儿子说："又伤心又愤怒。"

看到儿子有这么强烈的嫉妒情绪，妈妈没有去指责和批评他，因为她知道，孩子这时最需要有人聆听他的倾诉，并能理解和体谅他。于是，妈妈干脆把儿子搂在了怀里，耐心地听他絮絮叨叨。最后，儿子强烈的嫉妒情绪竟然消失得无影无踪了，没多久，又和那个朋友黏在一起了。

孩子的嫉妒心随时都会冒出来，我们是不可能去消灭它的，最好的方法，就是先接纳和理解他，然后给予正确引导，将这种嫉妒情绪转化为激发潜能的动力。

自尊心强的孩子不愿接受批评

叛逆期案例

辛辛是小学二年级的学生，自尊心很强，不能接受批评，就是有人对她说话重一点儿，她都会臊个红脸，甚至躲到一边偷偷地哭，有时两三天情绪都缓不过来。如果哪一次考得好，受到了老师的表扬，她就会情绪不错；如果考得不好，尤其是不如自己那几个很要好的朋友好时，她就会回家躲在自己的房间里哭。

学校每天下午都有营养加餐，有饮料、苹果、还有一些点心。一次，辛辛的同桌不小心把一杯酸奶洒到地上了，于是辛辛就把自己的酸奶给了同桌，营养餐结束时，讲台上正好还剩有一杯酸奶，生活委员就问还有谁没有领酸奶？辛辛看没有人上去认领，自己又没有喝到，于是走过去领了这杯酸奶。

没想到，辛辛拿酸奶时，正好被刚进来的老师看见了。因为不明就里，老师就当众批评辛辛说："这杯酸奶是留给今天中午没来的同学的，你怎么能随便拿人家的东西呢？赶紧放回去！"辛辛没有向老师解释，而是把酸奶送回去后就趴在课桌上哭了起来，回家以后又一个人躲到房间里哭，第二天还不肯去上学，妈妈怎么劝都没有用。

看着自尊心这么强的女儿，妈妈也不知道如何是好了。

妈妈要懂的心理学：适度的自尊是孩子自信的基石

故事中的辛辛之所以会经常哭鼻子，正是由于自尊心过强造成的。其实，对于七八岁的孩子来说，自尊心强是他们的普遍特点，这一阶段也是孩子成长过程中的必经阶段。孩子到七八岁时，各方面的能力以及自我意识都在日渐增强，他们做什么事情都想摆脱大人的“干涉”，希望自己能独立去完成。同时，他们对自己的能力评价过高，不切实际，觉得任何事情都可以自己单独完成，而拒绝大人的帮助，但一旦失败又不愿认输，有的可能会继续尝试，有的则会因为失败而不高兴、发脾气等。

我国著名的出版家邹韬奋曾说：“自尊心是进步之母，自贱心是堕落之源，故自尊心不可无，自贱心不可有。”自尊心是一种可贵的品质，能激励孩子发愤图强，不断进取。但是，孩子的自尊心也并不是越强越好，适度的自尊才是孩子自信的基石。

自尊心强的孩子，特别重视父母、老师和同学的评价，性格好强，听不得批评；常常和别人比较，凡事都要争第一，不能接受自己不如别人的事实；有的孩子因为一直优秀，遇到挫折、批评就会一蹶不振。自尊心强的孩子，因为非常在意别人的评价，所以情绪易受到别人评价的影响。就像前面例子中的辛辛，被老师批评后好几天情绪都缓和不下来，考试成绩不理想也受不了。

对于七八岁的孩子来说，自尊心太强害处非常大。他们不能正确估计自己的长处和短处，容易用自己的长处去比别人的短处，看不起别人；自尊心太强的孩子，往往无法正确对待别人的某一长处或取得的某一成绩，甚至还会为了维护自己所谓的“自尊心”而设法贬低和打击别人。

因此，对于自尊心过强的孩子，我们一定要采取正确的处置措施，既要保护孩子的自尊心，又要让孩子保持一种平和的心态，给他们过强的自尊心“降降温”。

叛逆期方法指导

方法一：平衡表扬与批评

美国作家海伦·考尔顿说：“有一点家长要明白，孩子是十分看重我们对他们的行为反应的。因此应格外谨慎地说出我们对他们的评价。”七八岁的孩子自尊心强、经不得批评的原因，很多都是因为父母对他们一味地进行表扬和鼓励，很少或根本不进行批评所造成的。对孩子过度地表扬，会使他们逐渐形成唯我独尊、虚荣心强、好大喜功的性格，并且害怕面对失败与挑战，对批评极为敏感，无法接受。

卡尔·威特说过：“我们不能让孩子在受责备的环境中成长，但是也不能让他们整天泡在赞美里。”因此，我们没必要对孩子事事进行表扬，要少用一些情感色彩过于强烈的积极评价。如果想鼓励孩子，我们应客观、具体地评价孩子什么地方做得好，什么地方还需要改进。

比如，孩子拉着我们看他的涂色作品时，我们可以这样给予评价：“嗯，颜色没有涂到外面去，里面还有一些空白处，要是再涂满一点就更好了。不过，这涂得已经很不错了，我相信你下次一定会涂得更好。”而不是简单盲目地来一句：“嗯，你涂得很好！”

至于批评，千万不要贬损孩子，应给他们提供有建设性的意见或建议。比如，当孩子因比自己要好的朋友考得好而沾沾自喜时，我们可以这样提醒他（她）说：“××，你这次考得这么好，我真的替你高兴，这说明你平时非常用功地学习了。不过，你是不是还要考虑一下你朋友的心情呢？如果你在他（她）面前不那么趾高气扬的话，相信他（她）会更喜欢你的。”最后，我们还要对孩子说，自己相信他（她）一定能做好。

方法二：不要总拿孩子作比较

七八岁孩子的自尊心，会因为比较而逐渐提升，但如果我们总是用“你比你同学强多了”这样简单的比较与表扬，这会让孩子的自尊心越来越强，很容易将孩子的自尊心变成一种虚荣心。当孩子习惯与人比较后，如果比别人强，自然就会很开心，但当比不过人家时，就可能会无法接受。因此，我们在教育孩子时不要一味地作比较，尤其对于那些本身就要强的孩子更要注意。

小芸和小丽是一对很要好的朋友，也是同班同学，两个人天天一起上学，放学也一起回家。今年放暑假后，小芸来小丽家玩，小丽的妈妈和小芸聊起了考试成绩，小芸骄傲地说，她的平均成绩都在90分以上。“你的学习真不错。咦，我还没看见小丽的成绩单呢！不知道考得好不好，小丽，你这次考试考得怎么样？把成绩单拿给妈妈看看！”

小丽听到妈妈问自己的成绩单，吞吞吐吐地答道：“我……我放在书包里了。”看着小丽沮丧的样子，妈妈生气地说：“是不是又没考好？快去把成绩单拿来，让妈妈看看。”成绩单拿来了，没有一科达到80分。

“你的成绩怎么总是这么糟？我真的很失望，你为什么不能像小芸一样，你的学习环境不比她差，真是一点也不知道给妈妈争气。”看着女儿的成绩单，妈妈忍不住大声数落起来，虽然已经不是第一次在小芸面前挨妈妈的训了，但自尊心很强的小丽还是很下不了台，含着眼泪回到了自己的房间。

如果我们喜欢拿自己的孩子与别人作比较，说什么你比××差，就会伤到孩子的自尊心。要做到不作比较，我们必须从夫妻、亲子间做起，比如“我跟你爸爸比，强多了”，“咱们家要是论聪明，女儿是首屈一指的”这些话，要变为“我和你爸爸不一样”，“孩子，你能想出这个办法，真是太聪明了”。此外，我们还要让孩子知道“每个人都不同，都有各自的长处”，告诉孩子第一并不是那么重要。

方法三：适当运用冷处理的方式

当孩子的自尊心受挫时，我们不必立即做出反应，因为我们的敏感会强化孩子的自尊心。可以采取“冷处理”的方式，冷处理的过程其实就是孩子自己教育自己的过程。不给予孩子特别的关注，让他们慢慢消化自己的情绪，有些很明显的错误，孩子自己也会意识到。这样，孩子慢慢就知道自己要承担情绪的后果，从而将自尊心调整到正常状态。下面的例子尽管是老师“惩罚”学生的例子，但对我们家长仍有积极的参考作用。

有一位同学上课不认真听讲，于是老师批评了他。结果下课之后，这位同学在黑板的右下角写着“批评××老师”，老师得知后顿时火冒三丈，来到教室准备狠狠地惩罚他一顿。但这时，他突然想起了前苏联教育家马卡连柯的忠告：“不能克制自己的人，就是一台被损坏的机器。”理智终于战胜了情感。

在沉默几分钟后，他坦然、郑重地对那位同学说：“你想想，你上课不认真听讲，老师提醒你是对你好还是对你不好？老师关心你，你反而做对不起老师的事，你做得对吗？我现在不逼着你把你写的字擦掉，你冷静想一想，你认为自己是对的就保留，不对就擦掉，然后告诉老师一声。”说完，他便离开了教室。

刚下第二节课，这位同学便低着头来到了他的办公室，满脸通红地说："老师，我错了，我擦掉了那些字，请原谅我吧。"他拍着学生的肩膀高兴地说："知道错了就好，老师原谅你了，希望你以后要认真听讲。"这位同学连连点头。

这位老师真的做得很好，那位同学之所以会在黑板上写上对老师不礼貌的话，是因为老师当众批评了他，伤了他的自尊心。当看到学生对自己不敬时，老师忍住心中火气，采用冷处理的方式，给了学生一个"自我反省"的机会。最后既没有使学生再次当众难堪，又让他真心地认识到了自己的错误，可谓两全其美。我们家长在想要批评孩子的时候，尽量也要冷静下来想一想，避免采用过激的方式批评孩子。

孩子爱狡辩、爱找借口怎么办

叛逆期案例

小涛今年八岁，很聪明，思维活跃、能言善辩，而他的妈妈是一个讲民主、尊重孩子的妈妈，一般都不会强迫儿子做什么事情。不过，这也让妈妈陷入一种矛盾和困惑之中，那就是儿子变得越来越喜欢狡辩，无论自己做得对错与否，他好像都能想出理由辩解，还理直气壮。这让妈妈非常担心。

一天放学回到家，小涛就把书包往沙发上一甩，鞋子一扔……见此情景，爷爷准备过去给他收拾。这时妈妈看见了，厉声对他说道："自己的东西自己收拾，该放哪放哪。这么大了还要别人给你整理东西。"小涛看了看妈妈，不服气地说："我也没有要爷爷帮我收拾东西呀？是他自愿的。"

听到儿子这般狡辩，妈妈气恼地说："自己的东西不放好，扔得到处都是，爷爷才想帮你收拾的。快去，自己收拾好。"看到妈妈真生气了，小涛才慢吞吞地把鞋子捡到鞋柜放好。

一个周末，妈妈给小涛布置了一点作业，跟他说一个小时后再检查。一个小时后，妈妈过去一看，顿时火冒三丈，他在书的空白处画满了图画，书的底部被他撕得像“镰刀齿”。难怪半天做不完作业，时间都花在这上面了。

妈妈严肃地问道：“你这是在干什么？读书还是吃书啊？”小涛看着妈妈阴沉着脸，嬉皮笑脸地说：“不是说读书‘破’万卷，下笔如有神吗？而且，不是还有写文章要‘咬’文‘嚼’字吗？你难道不知道？”听完儿子的狡辩，妈妈真恨不得给他两巴掌。

妈妈要懂的心理学：狡辩其实是孩子被动地自我心理保护行为，妈妈要合理引导

每个人都希望自己能获得他人的肯定与赞赏，留给他人一个好印象，对于七八岁的孩子来说，也是一样。他们的期望，就是做“妈妈心中的好孩子”，但是七八岁的孩子正处于叛逆期，说话行事有时并不会考虑太多，因此错误总是无法避免的。犯错后，他们虽然知道自己做得不对，但却没有承认错误的勇气，不愿意承认事实，所以才“无理”地替自己辩解，以维护自己的好形象。

狡辩，也是七八岁孩子的一种下意识的、被动的自我保护行为。他们之所以爱狡辩，很多时候都是为了掩饰自己的错误，避免受到大人的批评与惩罚。就如故事中的小涛，他之所以和妈妈狡辩，其实就是一种被动的自我心理保护行为，也是在为自己做的错事寻找理由。而这样做，并不是他真正期望的，他只是没有办法摆脱自己内心的困惑。如果我们不理解孩子内心深处的渴求，总是拿他的“表现”来教训他，他肯定不会服气，一定会千方百计地通过狡辩来维护自己。

狡辩，其实正是孩子明白是非对错、期望自我完善的一种非常态表现。如果一个家庭有充分的民主自由氛围，而且家长爱讲大道理，那么孩子很容易养成能言

善辩、自作主张的习惯，自然也就容易变得听不进别人的意见，行事一意孤行，让父母经常陷入尴尬的境地。

作为父母，要充分认识孩子成长中的问题。学会狡辩，其实是孩子有独立思想的标志，说明他们有了自己的思想，对事物有了一定的评判能力。因此，对于孩子的狡辩，我们的任务不是简单的压制，和孩子较劲，而是要学会通过一定的方法给予引导，让孩子认识到自己的错误，并改正错误。

叛逆期方法指导

方法一：最大限度地宽容孩子

对于一个七八岁的孩子来说，正处于成长和发展的过程中，犯一点错误是正常的。然而，在教育过程中，一些父母似乎并没有认识和关注到这一点，对孩子的要求极其严格，容不得孩子有一点点的错误。一旦发现孩子有错误言行时，常常不问缘由地大声呵斥、责骂，甚至大发雷霆。其实，这种做法不仅对孩子改正错误收效甚微，而且往往会适得其反。

不要以为孩子狡辩，只有我们自己难受，其实，在很多时候他们心里也同样不舒服，他们有时也是因为被逼无奈才狡辩的。他们之所以会为自己的过错而辩解，也是为了避免大人的责罚，不得已而为之。因此，当我们发现孩子特别能“狡辩”时，先要冷静下来，耐心听一听孩子心中的想法，反思一下自己平时管教的方式是不是过于严格？孩子是不是很怕自己？如果孩子说出实情，自己是不是马上就要责罚他？如果孩子确认自己在承认错误之后，会得到父母的宽容，而不是严厉地责罚，他们狡辩的概率会大大降低。

方法二：促进孩子的执行力

不打不骂，跟七八岁的孩子讲道理，是值得提倡的教育方法，但是，有很多父母却感到这样做并没有什么作用，这是为什么呢？因为，如果仅仅只给孩子讲道理，却不让他们操作具体行为，当然无法起到应有的效果，这样做，只能是助长孩子的狡辩行为。

晚饭后，炎炎就一直坐在那儿看电视，妈妈担心孩子的身体，就过去给他讲道理，说看电视的时间太长，对眼睛有害，让他早点去休息。炎炎听了妈妈的话，点点头，接着对妈妈说："我再看几分钟就不看了。"于是妈妈就让他再看几分钟。但是，过了十分钟后，炎炎仍然"粘"在电视机前，妈妈又过去继续给他讲道理，就这样，一直到晚上十点，炎炎依然在看电视。

炎炎为什么不听妈妈的话而一直看电视呢，因为他明白，妈妈的建议原来可以当做耳旁风，于是他嘴上并不反抗妈妈的建议，但行动上却坚决不执行。因此，我们需要采取相应的对策促进孩子的执行力。就像例子中炎炎看电视的问题，如果妈妈对炎炎说的"几分钟"有一个明确的界定，例如十分钟、八分钟或五分钟，那么炎炎就没了狡辩的余地，也明白该怎样执行妈妈的建议了。

方法三：提高孩子具体问题具体分析的能力

七八岁的孩子，因为受思维刻板和生活经验的局限，他们缺乏对具体问题具体分析的能力，无法理解做人做事需要一定的弹性和灵活性，因此，他们经常会使父母陷入自相矛盾的境地，从而达到为自己辩护的目的。

早上，妈妈催薇薇吃饭快点，要不然，妈妈上班会迟到的，但薇薇嘴一撅，说道："你上次不是告诉我，吃饭要细嚼慢咽吗？这样才有利于消化。"于是，她仍然斯斯文文、慢慢吞吞地啃着大菜包。妈妈站在旁边，真是看在眼里，急在心里。

妈妈上班不能迟到与吃饭时要细嚼慢咽，都没有错，当二者出现矛盾时，薇薇却忽略前者，固守后者，这是孩子思维刻板的表现。其实，她还是可以做到稍微快点吃饭，让妈妈早点上班的，但因为缺乏具体问题具体分析的能力，她才没有调整自己的行为，依然保持慢吞吞的吃饭速度。为了解决这样的矛盾，妈妈可以对薇薇说："妈妈今天上班有重要事情，不能耽误，你吃饭的速度要快点"，让孩子接受具体问题具体分析的思维方式，避免矛盾的产生。

方法四：父母双方保持教育的一致性

许多父母认为，管教孩子必须要一个"严"，一个"慈"；一个"唱红脸"，一个"唱白脸"。只有这样"一严一慈"，"一软一硬"，相互配合，才能教育好孩子。因此，一旦孩子出现问题时，都是父亲先打骂，母亲来庇护；或是母亲先打骂，父亲来庇护。其实，这种教育态度的不一致、不良的教育方式，也很容易培养孩子的狡辩行为。

比如，当孩子犯了错误，我们要进行批评时，孩子就会以"爸爸让我这么干的"或者"妈妈没说我错"为托词狡辩。因此，我们要想彻底杜绝孩子狡辩的空间，大人在教育孩子时一定要同唱一支"歌"。如果爸爸要求严格，妈妈却偷偷地放松教育，做孩子的保护伞。那么孩子的规则世界就会变得混乱，无法弄清什么是对，什么是错。

孩子为何爱生气、不理人

叛逆期案例

路路今年七岁，是一个非常可爱的小男生，但有一点却令他妈妈非常发愁，就是特别爱生气，一天到晚，什么事都可以惹他生气。

有时候别人笑他，不管笑啥，他都会很生气。跟妈妈一起出去遇见别的小朋友，如果妈妈夸他们乖或者厉害，他也会立刻就生气，不理妈妈。平常玩玩具拼不好，也会生气把东西扔掉不玩了。妈妈如果说哪句话没对他的心思，他就会把嘴撅起来，妈妈怎么叫他他都不理。因为淘气，被妈妈批评几句，他就会躲到自己的房间里把门关上大声喊：我生气了！

有一次，他和别的小朋友一起玩积木，有个小朋友不小心碰倒了他正在搭的“房子”，他顿时大发雷霆，大喊一声：“你怎么搞的，把我的房子都弄倒了，”然后双手紧紧握拳，浑身发抖，牙齿也紧紧地咬在一起，样子很可爱，但也很吓人。

路路这么爱生气，真让他妈妈头疼不已，不知道孩子到底是怎么回事，不知道应该怎样做，才能让他逐渐地改掉爱生气这个毛病。

妈妈要懂的心理学：爱生气孩子的真实愿望是需要更多的关注

像路路这样爱生气的七八岁的孩子，在生活中有很多，而且任何事情都可以令他们生气，比如玩耍啦，吃饭啦，说话啦，等等。有时，大家知道这个孩子爱生气，便都不计较，有的父母也只是说："大家不要理他，过一会儿就没事了，"也有的父母会批评一下孩子："你怎么这么小心眼呢？他是弟弟，怎么不知道让一让呢？"其实，我们这样忽略七八岁孩子真实存在的情绪是不对的，爱生气的孩子需要更多的关注。

生气是一种消极的不良情绪表现。孩子爱生气，表明他们经常流露出不快乐的情绪。因此，爱生气的孩子，心里肯定是不快乐的。孩子的情绪有一个不断发展和分化的过程，他们会从最初的哭泣吵闹、发脾气变成愤恨、生气、嫉妒等。到七八岁时，生气的表现越来越多。他们会把这种情绪表现当做向大人要求的信号。比如，孩子在生气时，有时候故意会说："我生气了。"然后嘴巴撅得老高。其实，他们真实的目的是想大人注意到他的存在，关注他的需求，帮助他解决问题。就像故事中的路路，看到妈妈表扬别的小朋友就生气，正是为了想让妈妈也关注一下自己。

有些时候，孩子生气，也是在向别人示威。比如，当孩子受到攻击或感觉到不安全时，或者想维护自己的尊严时，就会生别人的气。就如例子中的路路，在自己的积木被别人弄倒时，气得浑身发抖，就是为了向别人示威，警告那个弄翻他积木的小朋友。

当家庭的气氛长时间趋于紧张状态，或孩子的情感需求没有得到必要的满足时，他们也会生气。爱生气是一种消极的行为。对于七八岁的孩子来说，爱生气不仅会严重损伤他们的情绪和生理状态，有时候也会使我们狼狈不堪，感到很是棘手。因此，我们一定要想方设法去掉孩子爱生气的坏毛病。

叛逆期方法指导

方法一：给孩子一个拥抱

孩子生气时，我们可以走过去紧紧地抱住孩子，把他搂在怀里，接纳他的反抗情绪。因为父母的抚摸与搂抱会使他感受到爱的温暖，使他的情绪稳定下来。在拥抱孩子时，我们可以不停地说："我爱你，妈妈特别爱你。"接着，我们再劝一劝孩子，有什么话可以慢慢地告诉妈妈，然后和妈妈一起商量。被妈妈接纳后生气会很快地消失的。

哈佛大学心理学博士丹尼尔·戈尔曼在《社交商》一书中描述过一个感人的故事，故事大意是这样的：

> 有一个小女孩心情不好，对着她的叔叔发脾气。小女孩生气地对叔叔说："我讨厌你！"叔叔却微笑着回答说："可是我爱你。"小女孩更加生气地说："我讨厌你！"声音提高不少，而且斩钉截铁。没想到，叔叔却更温柔地回答说："我还是爱你。"小女孩对着叔叔大喊道："我讨厌你！"叔叔却张开双臂，把小女孩搂住说："没关系，我还是爱你。"小女孩终于软化，整个人都投入到叔叔的怀抱，轻声说："我也爱你。"

小女孩由一个生气的小魔鬼，变成温顺的小绵羊。真正打动她的，正是叔叔那热情的拥抱，语言则显得苍白无力。

方法二：分析原因，停止训斥

孩子生气时，我们应该适时、冷静地做出反应，不要反过来对孩子大发脾气，或者责打、责骂非要把他们制伏。一味地训斥，只会使孩子的怒气郁积胸中，最后形成冷漠、孤僻的个性。训斥的方法只能奏效于一时，而且还可能使孩子形成懦弱的性格，或者使孩子变得异常玩劣，难以管束。

当孩子平静下来之后，我们要与他们分析导致生气的原因，如果他们不愿意说，我们可以问一问他们："你是不是哪里不舒服？"或者是："你是不是和小朋友闹别扭了？"在弄清孩子生气的原因后，我们对孩子给出的合理理由应表示理解和尊重，如"我知道你受到了伤害，我们一起来想办法解决"。

但对于那些任何人都无法相信的借口，我们则应该拒绝，要告诉他好孩子是不能为所欲为、随便生别人气的，要是伤害到别人就不好了。我们还可以给孩子讲一些榜样的故事，教育他们要有修养、有度量、有宽阔的胸怀。

当然，我们在与孩子谈话前，要先让孩子离开令他们生气的环境，然后再与他们进行平和冷静的交谈，这样，既能防止孩子不良情绪的继续累积和扩散，还能保全他们的"面子"。

方法三：转移孩子的注意力

七八岁的孩子，情绪往往瞬息万变，注意力很容易转移。如果我们能够将他们注意力适时地转移到其他事情上，可以有效地调节他们的不良情绪。

有这样一个耐人寻味的故事：

有一个小女孩，因为她那只心爱的小狗死了，非常伤心。她趴在一扇窗户边，看着别人慢慢地掩埋曾经与自己朝夕相处的小狗，流下了悲伤的泪水。这时，她爷爷慢慢地走了过来，轻轻地搂着她说："孩子，我们打开另一扇窗看看好吗？"小女孩听了，便一边流泪一边轻轻地打开了另一扇窗。刹那间，她被眼前的景色深深地吸引住了：窗外的鲜花竞相绽放，漂亮的蝴蝶、勤劳的蜜蜂，还有很多美丽的小鸟，正热闹地穿梭其中。看着看着，小女孩不禁露出了灿烂的微笑，心情好了大半。

可见，当孩子生气时，设法转移他们的注意力，建议他们去做一些自己喜欢的事情，能够起到很好的稳定情绪的作用。当孩子因为某件事情非常生气，委屈得不得了，乱扔东西，谁也不理，怎么劝都不行。这时，我们可以有意识地提起孩子平时最感兴趣的一件事，转移孩子的注意力。比如，播放孩子喜欢听的音乐，给孩子讲一个爱听的、好玩的故事，或者带孩子去玩最喜爱的游戏，等等。

方法四：我们自己不要轻易动怒、生气

父母是孩子的第一任老师，身教重于言传。要想让孩子不随便生气，我们自己首先要做到善于控制自己的情绪，不轻易动怒、生气，给孩子起到示范的作用。

最近，七岁的媛媛突然变得非常爱生气，稍不如意，便会大发脾气，找理由哭闹，怎么劝都不行，这让妈妈非常头疼。

为了弄清媛媛爱生气的原因，妈妈便留心观察，后来发现，媛媛总是在父母不耐烦或有恼怒表情后就开始生气。经过几次之后，妈妈不禁有些醒悟：可能是女儿看到爸爸妈妈生气后，想到他们是不是不再爱自己了，所以有了危机感，因恐慌而耍脾气？

当媛媛再一次无故生气时，妈妈没有像以前一样生气地训斥她，或表现出厌烦的情绪，而是温柔地搂着媛媛说："妈妈知道你心里不舒服，能不能告诉妈妈这是为什么呢？"安静了一会儿，女儿终于开口说："我刚才看你生气，以为你不爱我了。"

"傻孩子，妈妈怎么会不爱你呢？刚才是因为妈妈情绪不好，才生气的，并不是因为你。妈妈保证以后再也不随便生气了，好不好？”妈妈吻了一下媛媛的脸说道。

慢慢的，媛媛平静了下来，从那以后，她再也没有无缘无故地生人的气了。

有了好生气的爸妈，不想让孩子生气都难。如果父母遇到不开心的事情，总是大发雷霆，摔摔打打，又怎能期望孩子控制好情绪呢？因此，我们一定要以身作则，为孩子创造一个良好的家庭环境，处事心平气和，不随便生气。在这种氛围的熏陶下，孩子的性格才会平和而镇定，不会因为芝麻大小的事情就哇哇乱叫，不理任何人。

孩子为何变得“人来疯”

叛逆期案例

七岁的城城平时是一个很听话的孩子，聪明伶俐，可只要家里一来客人，他就变得异常活跃、顽皮，在家里上蹿下跳、大声喧哗，甚至还会硬拉着客人和自己格斗，有一次，他把爸爸一位同事的衣服口袋都差点扯了下来。因为他是个孩子，客人也不好意思发火。有时妈妈实在面子上挂不住了，就把城城拉到一边揍得大哭，结果弄得大家都很尴尬。但不管怎么打，怎么骂，下次家中来客人时，城城依然还是“人来疯”。

有一次，爸爸妈妈趁周末带着城城出去吃饭，一家三口来到了一个雅致的西餐馆。餐厅里非常安静，低低地放着优美的背景音乐，客人们边吃边小声地聊着。可是城城一家刚进餐厅，就打破了这种幽静！城城看见餐厅人多，顿时乐得大喊大叫，很是兴奋。妈妈赶紧告诉他这是餐厅，不能大声喧哗，没想到，儿子却开始闹脾气，哭了起来。这时，餐厅里的客人都朝这一家子看了过来，弄得爸爸妈妈只好歉意地看着周边的顾客。

城城的“人来疯”行为，令妈妈颇为苦恼，打也没用，骂也没有，真不知道该如何才好。

妈妈要懂的心理学：“人来疯”是由于孩子本身具有强烈的表现欲

故事中的城城可以说是典型的“人来疯”代表，“人来疯”是指孩子平时表现正常，但一有客人来，或到了人多的地方，则像换了一个人似的，变得异乎寻常的活跃，甚至调皮捣蛋或恶作剧起来。越有客人，越不听父母的话，往往弄得父母非常恼火，如果制止他们这种行为，反而会闹得更厉害。“人来疯”的现象在七八岁的孩子中很是常见，让不少的父母感到头疼。

那么，孩子为什么会犯“人来疯”呢？很大程度上是由于七八岁的孩子本身就具有强烈的表现欲，喜欢给别人带来乐趣，希望得到别人的肯定和赞扬，但是，在众人面前表现时又不能很好地掌握分寸，结果玩过头了。

孩子的“人来疯”行为，与家庭教育不当也有关系，比如溺爱或者过于严厉管束：

如果父母对孩子爱怜有加，对孩子的各种要求总是设法满足，结果导致孩子“以自我为中心”的意识特别强。客人来了，如果大家都不理睬自己，孩子会在心理上觉得被冷落，于是有意识地做出一些偏激行为，实质上是在提醒大家：不要把我忘记了。

如果父母对孩子的管教过于严厉，一举一动都有要求、限制，那么孩子就犹如笼中之鸟，这自然抑制了他们爱玩的天性。当家中来了客人，孩子感到好奇、兴奋，而且客人还往往会夸奖孩子或与之玩耍，此时，父母也显得相当宽容，大多数时候会由着孩子，孩子察觉到这种变化，于是利用这“天赐良机”尽情地玩耍。

但是，通常随着年龄的增长，孩子“人来疯”的现象会自然消失。不过，为了让孩子早日成熟起来，我们还是应该要采取正确的方法，抓紧对孩子进行教育和引导。

叛逆期方法指导

方法一：不要当着客人的面惩罚孩子

家里来了客人，孩子出现“人来疯”现象的时候，我们先不要着急，更不要当着客人的面责备孩子，这样孩子会觉得很没有“面子”，会感到羞愧甚至会反抗。同时，也会给孩子留下这样的印象：只要有客人来我就不重要、不被关注。孩子是无辜的，孩子也有自尊心，我们也需要尊重他们的人格。

客人到来后，可以给孩子适当的表现机会，可以让孩子唱一首儿歌，讲一个寓言故事，或者背诵一首诗，等等。然后给他们一个明确的停止提示，比如，孩子唱完歌以后，我们可以说：“你的歌唱得越来越好听了，下次再给阿姨唱一首更好听的，好不好？”如果需要，可以再明确地说：“现在妈妈要和阿姨说一些事情，你自己去一边好好玩。”当孩子仍按捺不住自己的兴奋时，我们可以继续暗示道：“阿姨最喜欢听话的孩子，快去自己玩吧！”同时，我们可以用较严厉的目光或稍用力地拍拍孩子的肩膀，暗示自己的不悦。

我们还可以在家里来客人前，跟孩子讲清道理，不许“人来疯”，同时，还要提出惩罚或奖励的措施。比如，如果孩子犯了“人来疯”，就给予批评，或取消本来要带他去动物园的约定等；如果听话，没闹“人来疯”，就及时给予表扬，并满足他们一项正当的要求。

方法二：增加孩子与外界接触的机会

要减少孩子“人来疯”的现象，就为孩子多创造与外界接触的机会，如平时多带孩子参加一些聚会或集体活动，多让他与同龄人一起玩耍，以减少孩子看见生人时的新鲜感。

力力今年七岁，也是一个典型的“人来疯”代表，一见到生人就活蹦乱跳、大喊大叫，经常让爸爸妈妈在别人面前难堪。后来，力力的妈妈咨询了一位教育专家，教育专家问她：“平时孩子与外界接触的多吗？”力力妈回答说：“很少带力力出去玩，大部分时间都是在家里。”于是教育专家建议力力妈多带孩子出去走走，尤其是让孩子多接触一下同龄人。

从那以后，妈妈便经常带着力力到公园里玩，公园里有很多像力力这么大的孩子，为了让力力与大家一起玩，妈妈建议和力力玩老鹰捉小鸡的游戏，而这个游戏当然要很多小朋友参与，于是妈妈就让力力去邀请其他的小朋友，然后，大家一起玩耍、嬉闹。有时候，妈妈还会让大家表演节目，小朋友们都很有表演欲，都争着演，看着大家这么热闹，力力也主动参与进来了，与大家一起闹。

就这样，在与小朋友们接触的机会越来越多之后，力力“人来疯”的现象越来越少了。

力力“人来疯”的现象之所以会渐渐减少，就是因为当他与小伙伴们一起玩耍、逗闹时，大家都有表现的机会，人人都可以“疯”，自然就减少了在不该“发疯”的场合“发疯”的可能。可见，多带孩子出去走一走，多让孩子与小伙伴一起玩耍，对于减轻孩子“人来疯”的现象是有好处的。

当然，也有一些孩子可能会明显地不合群，如果孩子不愿意与别人一起玩，首先要跟孩子谈谈心，听一听他们的想法，问问他们为什么不愿意与其他小朋友玩，有什么需要父母帮助的。然后，再逐步引导孩子与其他小朋友交往，比如，让孩子请两三个同学到家里玩，并指导他们做一些需要共同协作的游戏；也可以组织几个家庭一起出去游玩，让孩子在自然的环境中交往。慢慢地，孩子就会逐步地感受到与人交往的乐趣，并学会主动与人交往。

方法三：培养孩子文明礼貌的习惯

俗语说“没有规矩不成方圆”，要想减少孩子“人来疯”，就应该在平时多和孩子交流沟通，积极引导，培养他们礼貌待客的习惯。

每次家里来客人之前，我们可以给孩子讲讲怎样文明待客，比如，客人来了要问好，吃东西时要让客人先吃，用“请”的语句，低声说话，客人走时说“再见”，不要打扰客人与父母之间的谈话，等等。也可以考考孩子“你知道客人来了为什么要倒茶吗？”“让客人坐在哪里比较合适呢？”等问题。如果来的是生人，我们还要提前向孩子介绍一下客人的姓名、称呼。假如客人有生理上的缺陷，如跛行等，要提醒孩子不要模仿或当面指出客人的这些缺陷。

客人来后，我们要善于抓住有利时机，让孩子从被动学习变为主动学习。我们可以分配孩子一些简单的任务，比如拿茶杯、水果、糖果，或拿条擦手巾，陪小客人玩耍等。因为家里有客人，孩子会觉得很新鲜、有趣，对父母的要求一般都不会反感，这时候让他们做什么，学什么，他们都会很乐意，为了证明自己的能力，他们还会努力地去做。这样一来，既增加了一个小帮手，又不会使孩子闲着没事，瞎捣乱，还教会了他们礼貌待客。时间长了，孩子就慢慢地学会怎么样礼貌待客了，“人来疯”的现象也自然就会减少了。

孩子为什么爱学坏、不学好

云峰爸爸无意间发现自己早晨放在电视上的香烟少了几根。爸爸清楚地记得自己打开包装拿了一支就放在电视上了，可是现在手里的烟明显地不是差一支了。爸爸很纳闷：家里一直没来客人啊，云峰妈妈也不可能拿烟啊！这烟难道是云峰拿的？

爸爸将信将疑地推开云峰的房门，发现云峰的神情慌慌张张的，两只脚还在地板上不停地蹭蹶。当爸爸闻到房间里隐隐约约的烟味时，他终于忍不住大发雷霆："好小子！原来真的是你拿了我的香烟！你才八岁就开始学会吸烟了，这么小就开始不学好！看我不收拾你！"说完扬手就给了云峰一巴掌。

被打疼的云峰不由地哭喊着叫起了"妈妈……"妈妈闻声赶来后，爸爸向她"揭发"了云峰的"罪行"，妈妈听后也气不打一处来，加入了爸爸的教育阵营。云峰见爸爸妈妈都这么生气，吓得连连认错。可是爸爸却不依不饶地非要给云峰点儿"颜色"看看，好让他长长记性，别再学坏。

眼看着爸爸的大巴掌就快要打到屁股上了，云峰突然扭过头冲爸爸喊道："为什么我吸烟就是不学好，您和叔叔经常在我和妈妈面前吸烟，我们说什么了？再说了，我不就是想学学您吸烟的样子吗？”云峰的一席话，让爸爸哑口无言，扬起的巴掌无力地垂了下来。面对云峰的质问，妈妈一下子也不知道该怎么回答了。

妈妈要懂的心理学：“坏”行为往往更具吸引力，孩子更加喜欢模仿

随着孩子年龄的一天天增长，家长已经不能完全掌控孩子的行为和思想了，也正因如此，很多家长担心孩子学坏，而事实上这个阶段的孩子也的确喜欢学“坏”。例如上文中云峰的例子，明明还不到十岁，竟然开始学吸烟，有的孩子还有喝酒、赌博等不良倾向。这些问题都是家长十分担心的，那么孩子为什么在这个阶段容易学“坏”呢？

儿童心理学研究表明：孩子的求知欲和表现欲在进入小学阶段后开始萌发，并且很快进入高峰期。这一阶段，孩子的探索意识更加强烈，开始学会独立思考，并且尝试模仿成人的行为。当然，由于这一阶段孩子处于人生的第二个叛逆期，他们的心理年龄介于幼稚和成熟之间，辨别是非的能力还有所欠缺，而“坏”的行为似乎对他们更具有吸引力，他们也以此为乐。现实生活中也是如此，有些孩子似乎对抽烟、喝酒比较感兴趣，他们甚至认为大人的这种行为很酷、很帅，所以即便他们意识到了这是不好的行为，但是还是决心要学一学，以此获得一种满足感。

针对孩子的这种心理特点，父母不要盲目批评孩子，或者打骂孩子。因为孩子骨子里是好的，他模仿这些行为只是感觉好玩儿而已。当然，父母一定要警惕孩子将这种行为固化为一种习惯。

叛逆期方法指导：

方法一：营造良好的家庭教育环境

孩子模仿的无论是好的行为还是不好的行为，大多都来源于家长。因此，在家庭生活中，家长应该注意为孩子的成长营造良好的氛围，将过于成人的、社会的行为有效减少，以免孩子盲目追随模仿。

恒恒写作业的时候，爸爸无意间看到他用两根手指夹着铅笔上下晃动，不一会儿竟然把铅笔放进嘴里，模仿起吸烟的动作。恒恒爸爸看着恒恒这一系列的动作竟然有模有样，他的心突然就像被别人揪了一下。

恒恒爸爸不由地质问恒恒："你刚才那是干什么呢？"

"没干什么呀，我在写作业呀！"恒恒很不在乎地回答爸爸。

"那你为什么把笔夹在手指上，好像在吸烟的样子。跟爸爸说，你有没有偷吸过烟啊？你可不能这么小就学坏呀！"恒恒爸爸尽量压低声音，以免恒恒紧张。可是恒恒听到爸爸说他"学坏"，似乎受到了莫大的委屈，他红着眼圈对爸爸说："爸爸，我没有学坏，我也没有吸烟，真的。"

"真的吗？"恒恒爸爸看到恒恒着急的模样，心里已经相信他了，但是仍然觉得他刚才的动作很奇怪，于是问恒恒："那你怎么会做吸烟的动作呢？"恒恒理直气壮地说："我看您每天抽烟的样子很享受，于是就想学学。"这下恒恒爸爸总算知道了恒恒为什么会"学坏"了，他真是后悔极了。

可以说恒恒"学坏"是典型的模仿心理在作怪。爸爸吸烟不避讳孩子，日久天长就会影响到孩子。七八岁的孩子还不能明确地辨明是非，当他发现爸爸每天吸烟时似乎都很享受时，就会不自觉地模仿吸烟动作。对孩子而言，他并不了解吸烟所带来的危害，也不认为吸烟是种不良行为。对恒恒而言，现在只是“以笔作烟”，模仿吸烟动作而已，一旦机会合适，他会拿真烟“过瘾”也未可知。

因此，在孩子年龄尚小、模仿欲望较强的年龄段，家长应该避免孩子过多地接触成人世界，一定要为孩子营造健康、纯净的成长空间。否则，孩子容易在成人世界里迷失自我。

方法二：密切关注孩子的举动，用关爱将孩子与“坏”环境隔绝

模仿心理是很普遍的现象，在孩子的世界里表现尤为突出。孩子的想法单纯而幼稚，如果发现大人们做的事情很“有趣”时，他们便会产生一种跃跃欲试的愿望，无论这件事情“好坏”与否。但当家长质问孩子为什么要这样做时，孩子往往一脸无辜地说：我只不过是想尝试一下罢了，感觉很有趣。

听到这个令人啼笑皆非的答案，有的家长暴跳如雷，有的家长则无可奈何。是的，孩子并没有说谎话，因为这是这个年龄段所特有的一种现象，而这种行为本身和孩子想“学坏”并无关系。

无论如何，家长在孩子七八岁的时候，应该提高警惕。因为这个年龄段的孩子充满了求知欲和探索欲，对什么事情都充满好奇心和模仿欲望。如果这一时期家长忽略了对孩子行为的监管，让孩子从模仿不良行为到养成不良习惯时，那么孩子真的就有可能“学坏”了。

所以，家长应该密切地关注孩子的举动，当发现孩子的行为不佳或者异常时，应该及时予以制止，用关爱将孩子从“学坏”的边缘拉回来。

方法三：反用“从众”法，让孩子在从众心理中获益

有的孩子喜欢模仿是因为受到了“公众”的影响，这就是孩子的从众心理，他们往往认为别人都那样做了，他也要那样做，这样才显得不“落伍”，这其实是

孩子的一种本能。

法国的心理学家约翰·法伯做过这样的一个实验：他把很多毛毛虫一字排开，首尾相连地放在了一个花盆的边缘上，形成了一个圆圈，并且在距离花盆不远的地方，摆放了很多毛毛虫喜欢吃的树叶。

结果，每只毛毛虫都在移动，一个跟着一个地围着花盆边缘绕圈儿。时间一点点地过去了，毛毛虫依然缓慢地围绕着花盆沿转圈。这些毛毛虫持续着这样的状态，一连爬了七天七夜，最终因为体力透支严重而相继死去。这就是著名的“毛毛虫实验”。

毛毛虫实验从某种程度上反映了从众效应，虽然这种效应有很大的负面影响，但是如果应用得当，也可以利用这种心理来帮助孩子学习和成长。

耳熟能详的“孟母三迁”的故事，可以说是对从众效应的有效利用。当周围的人都不爱学习时，孩子就会变得不爱学习；当周围的人都喜欢学习时，孩子也会变得爱学习。在良好的环境中成长，孩子就不容易学坏，聪明的妈妈不妨试一试。

第四章

期望适中，让孩子快乐学习

孩子好奇心强与求知欲有关

叛逆期案例

昆昆今年七岁，好奇心非常强，对任何事物都是兴趣十足，尤其是对动画片里经常出现的一些人物、动物，更是十分着迷。平时，看到什么不认识的东西，他总想弄个明白，玩玩弄弄，拆拆装装，结果把家里很多东西都给弄坏了。就是睡觉时听到有什么响声，他都想弄明白是什么响声，是怎么发出来的。

有一次，趁爸爸妈妈没在家，昆昆把厨房里的鸡蛋一个个拿出来全打破了。妈妈回来后看到这种情景，气不打一处来，质问他这是在干什么，他说自己想弄明白鸡蛋为什么能孵出小鸡来。

有一次家里杀鱼，昆昆看见鱼肚子里有鱼鳔，于是事后悄悄地把鱼缸里的几条金鱼抓出来，用小刀把鱼肚子给拉开了。他说，他只是想看一看金鱼肚子里有没有鱼鳔。妈妈得知后既生气又感到好笑，只好重新买了几条小金鱼放在鱼缸里。

没有想到的是，一天晚上，妈妈下班回家后，发现小金鱼又全死了。于是抓来昆昆就问："小金鱼又是你弄死的吗？"他点点头。妈妈问他："你怎么又把它们给弄死了？"昆昆哭着说："我用洗手的香皂给小金鱼洗澡，它们身上腥味太重了，没想到洗完之后再放回去，它们就死了。"听到这样的回答，妈妈真的是很无奈。

妈妈要懂的心理学：孩子好奇心强源于他们内心强烈的求知欲

孩子七八岁的时候是好奇心最强的阶段，在好奇心的驱使下，他们会动手实验，甚至充当小"破坏分子"。比如，有些玩具玩腻了，他们会到处扔，然后翻箱倒柜，去寻找新鲜的玩意儿；看见电视会说话，他们会围着电视机左看看右看看，甚至还要用手去拍一拍，想弄清楚声音到底从哪儿来的；看见理发师给人理发后，他们回家后也会拿起剪刀给布娃娃剪头发……这些行为，都是源于他们内心强烈的求知欲。

因为七八岁的孩子不更世事，他们感觉身边的世界是那么陌生、新鲜和神秘，在他们的心中充满了探索、求知的欲望。他们需要通过观察、询问、亲自实践来寻找问题的答案。故事中的昆昆一再地弄死小金鱼，并不是存心要小金鱼死，他只是想看一看金鱼的肚子里是不是也有鱼鳔，是不是也可以用肥皂为小金鱼洗澡。

对于孩子充满好奇心的"淘气"行为，很多父母都认为是孩子在跟自己作对，或是不懂事的表现，于是或严厉斥责，或置之不理。殊不知，这是孩子在通过他们的淘气行为探索、检验自己一些异想天开的想法。著名教育家陈鹤琴曾说过："好奇动作是小孩子得着知识一个最紧要的门径。"

好奇心强是孩子的天性，作为父母，当孩子由于好奇而导致破坏行为时，我们不能进行粗暴的干涉，或忽视不见，这样会在不知不觉中伤害孩子。长此以往，有可能使孩子对周围事物失去探索的兴趣，变得麻木不仁，缺乏强烈的求知欲望。因此，我们要采取正确的方法对待孩子的好奇心。

叛逆期方法指导

方法一：认真回答孩子的每一个“为什么”

一个七八岁的孩子好问“为什么”，说明他好奇心强，求知欲旺盛，我们要及时、正确、认真地回答。如果孩子在问我们问题的时候，我们不理不睬、不耐烦或者采取嘲笑的态度，那么将会导致孩子不敢或不愿再提问，甚至对周围的一切都失去了好奇与热情。

高尔基曾说过：“对孩子的问题，如果回答说等着吧，长大了就会懂。这等于打消孩子的求知欲。”因此，当孩子问“为什么”时，我们一定要耐心作答，或者启发孩子的思考。不能单纯地给孩子以“等你长大了，读的书多了就会明白”这样的回答。

伽利略小时候很喜欢问问题，而他的父亲每次都会很认真地对待儿子的提问。

伽利略五岁时学习绘画，有一次，他指着一些几何图形的物体问爸爸：“爸爸，这些几何图形到底有什么用呢？”

面对儿子的提问，父亲一时没弄清是怎么回事，于是问他：“伽利略，你为什么要这样问呢？”

“爸爸，我觉得很奇怪。我画画的时候，发现房子、马车、书桌等很多东西，都好像与几何图形有关。”

“有关？怎么有关？”伽利略的父亲还是没有弄清儿子的意图。

“这些物体都是由各种几何图形组成的，但好像又不是那么简单。我怎么也想不明白，它们到底还有什么复杂的关系？”

父亲仔细地思考了一下，然后对伽利略说：“你的这个问题我没有办法回答。不过，你愿意学习数学吗？你学了数学以后，也许就能明白你说的那种复杂的关系了。”

“真的吗？”伽利略兴奋地叫道，“我非常愿意学习数学！”

从那以后，父亲便开始教伽利略数学课程。

如果我们希望保护孩子的好奇心，就应该认真对待孩子的一切，包括孩子提出的每一个“为什么”。正如伽利略的父亲一样，不管有没有能力解答，态度是最关键的。在一个个“为什么”得到正确解答的过程中，孩子的视野得到了扩大，知识量得到了增加，也容易养成勇于探索的好品质。

方法二：给孩子一片“破坏”的天空

七八岁的孩子因为好奇心所引发的“破坏行为”，的确是让人头疼，但我们也应认识到，他们的“破坏行为”，其实并不一定是在故意捣蛋。之所以会破坏某个东西，是因为他们对这个东西充满了好奇，想看看究竟是怎么回事。对此，意大利著名教育家蒙台梭利说：“这是因为他想知道这件东西的构造，”“他在寻找玩具里面是否有有趣的东西，因为从外观上玩具没有一点使他感兴趣的地方。”

南南今年八岁了，一天中午他在阳台上玩耍时，突然心血来潮，想知道妈妈养的那几盆花，埋在土里的根是什么样子的。于是把花连根拔起，瞧了个仔仔细细，然后就扔一边不管了。

妈妈晚上下班回家后，看到这个惨状，本想狠狠地骂他一顿，但理智让她忍住了，她想弄清楚这到底是为什么。于是问南南：“你为什么把花都拔出来了？”南南也知道自己做错事了，于是低着头对妈妈说：“我只是想看看它们的根是长什么样的。”

妈妈深吸一口气，然后对儿子说：“花之所以能够存活，全靠它的根吸取土壤里的水分和营养，如果根离开了土壤，花就会因缺水分和营养而枯死。来，我们一起把花再栽到花盆里吧！”说完，妈妈就让南南和她一起把这些花重新栽进了花盆里。

由于年幼无知，七八岁孩子的好奇心常常会导致破坏性行为的发生。对此，我们要正确处理，不可打骂指责和惩罚孩子，而应该耐心地引导和教育孩子。南南的妈妈就做得很好，忍住了一时之气，没有因为南南的破坏行为去指责他，而且还给南南解释了花的根的作用，以及教会了南南如何种花，这不仅保护了南南的好奇心，还使南南学到了知识。

方法三：做一位富有好奇心的父母

对于一个七八岁的孩子来说，好奇心是一种最宝贵的天赋，我们应该放下大人的架子，与孩子一起用充满好奇的目光来看待这个世界，与他们一起用童心来感应周围的各种事物，与他们一起分享这份好奇，一起体验这个鲜活世界的快乐、激情和神奇。我们的热切和渴望，会极大地感染和鼓舞孩子，使之更加富有好奇心。幼儿园的创始人、德国教育家福禄培尔说：“孩子就是我的老师，他们纯洁天真、无所做作，我就像一个诚惶诚恐的学生一样向他们学习。”

七岁的丁丁对什么事情都很好奇。一次，他与妈妈在楼下看到了一个空矿泉水瓶，瓶底有一只活蜗牛。丁丁非常兴奋，他对妈妈说：“我们一起想办法把蜗牛从瓶子里弄出来吧。”妈妈看着瓶子里的蜗牛，也来了兴趣，于是点头答应。

丁丁把瓶嘴朝下倒，但蜗牛却往里爬。这时，妈妈出主意说：“给瓶子里倒水行吗？”丁丁摇摇头说：“不行，那会淹死它的。”丁丁又捡来一根小树棍，伸进瓶子里去拨弄，但蜗牛就是不出来。妈妈又给丁丁出主意："咱们能不能试一下，把沙子一点点地放进去，看能不能让它出来。"

没想到这个办法还真灵。蜗牛也不希望自己活活被埋住，随着沙子渐渐增多，它不停地往外挣扎，等瓶子里的沙子快要装满时，蜗牛自己慢慢地爬出来了。丁丁马上抱着妈妈快乐地欢呼起来，高兴地叫着、跳着。

如果我们对周围的事物显得漠不关心，甚至对孩子的好奇心视而不见，那么他们的好奇天性就会在无形中受到压制。因此，我们也要在孩子面前做个童心未泯的大孩子，向他们展现出自己的好奇心，比如带他们一起外出时，多多表现出对一草一木、日月星辰及其他事物的兴趣与探索愿望。

孩子爱刨根问底是好现象

叛逆期案例

然然是小学一年级的学生，非常喜欢问为什么？而且总是刨根问底，不问出个所以然来，誓不罢休。刚开始时，爸爸妈妈还给耐心解答，但慢慢地，随着问题越来越多，看到什么就问什么，而且很多问题根本就是无法回答的，比如“太阳有家吗？它也有爸爸妈妈吗？”“月亮上有人吗？月亮里很冷为什么不装暖气呢？”这让爸爸妈妈渐渐地有点厌烦了。

一天晚上，妈妈正在厨房做饭，忙得团团转，顾不上然然，于是给了他一本图画书，让他自己看，但然然对上面的图画特别好奇。隔一会儿就拿着书来问妈妈这是什么，那是什么，为什么会这样，为什么是那样。由于当时妈妈正忙得手忙脚乱，看他问起来没完没了，忍不住来了气，于是吼了他一句：“哪儿来的那么多为什么！自己想！”看到妈妈生气了，然然只好从厨房里退了出来。

吃晚饭时，然然又开始发问：“妈，你说蜈蚣有几条腿？”妈妈没好气地说：“你管它有几条腿呢，吃你的饭！”看妈妈没有理自己，然然又去问爸爸："爸爸，蜈蚣有多少条腿？"爸爸也斜了他一眼说："你的成绩比以前已经退步很多了，还有心思问这些，好好学习就行了……"

从那以后，然然就再也不问爸爸妈妈问题了，话也少了很多，常常就一个人坐着发呆。妈妈看到儿子这个样子，心里开始后悔那天对他确实有点过分了。

妈妈要懂的心理学：爱刨根问底是孩子力求认识新事物的积极表现

七八岁是一个富于幻想的年龄阶段，就像然然一样，小脑瓜里总是装满了"为什么"。鸟儿为什么会飞？花儿为什么五颜六色？为什么我的影子一会儿大，一会儿小？爷爷的爷爷是谁生的？等等。将一个又一个问号扔给我们，有时候可能使我们感到惊讶，甚至于无法回答。问得多了，我们还可能会因此而厌烦。

爱刨根问底是七八岁的孩子力求认识新事物的一种积极表现。由于他们的视觉、听觉和触觉等器官逐步发育，懂得的知识越来越多，与周围环境的接触也愈来愈复杂，渴求认识新事物的欲望也随之增长，他们对于那些以前没有见到过的事物都会产生浓厚的兴趣。但是，七八岁的孩子认知能力却非常有限，想要知道答案，就必须要通过"问"来得到大人的帮助，而且常常要刨根问底，不搞清楚誓不罢休。

但在现实生活中，许多父母往往忽视孩子的提问，甚至嫌他们提问多、烦人而粗暴地训斥他们，结果使得孩子不敢再提问，对周围一切都失去应有的好奇与热情。但真到了那个时候，许多父母又开始悔不当初。就跟然然的父母一样，知道后悔时已经晚了。孩子的好奇心，都被我们做父母的给压抑了，怎么会再问呢。要知道，孩子一旦失去好奇心、求知欲，再重新激起是很困难的。

孩子爱刨根问底，说明他们具有强烈的好奇心和求知欲。此时正是扩大孩子的知识面、丰富孩子心灵的好机会，我们应当认真对待。

不知道大家是否知道“摩西奶奶效应”，美国艺术家摩西奶奶，至垂暮之年才发现自己有惊人的艺术天才，75岁开始学画，80岁举行首次个人画展。摩西奶奶效应告诉我们，一个人如果不去挖掘自己的潜在能力，它就会自行泯灭。一个孩子爱问问题，这其实就是在挖掘自己的潜在能力，如果我们不给予支持和引导，那么，这种潜在能力将会渐渐泯灭。

陶行知先生曾说过一句话：“小孩子得到言论自由，特别是问的自由，才能充分发挥他的创造力。”因此，我们一定要鼓励孩子提问，对爱提问的孩子要表示赞许，并及时正确地回答孩子的问题，让孩子在刨根问底中快乐地成长。

叛逆期方法指导

方法一：对孩子的提问应表现出积极的态度

对于孩子的好问，刚开始时，我们都会感到高兴。但当这种发问变成经常性的、好似没有终结的事情时，我们就没有那个耐心去给孩子一个一个解答了。更何况，孩子的问题通常是千奇百怪的，有时根本就无法跟他解释清楚，也难怪有些父母一急就说出“你还有完没完”这样的话。

但是，为了珍惜孩子的积极性和勇于探索的精神，我们无论如何都应对孩子的提问表现出积极的态度，当遇到“为什么只有晚上才能看到星星？”“为什么地球是球形而不是个正方体？”这样的问题时，我们不要头痛，更不要厌烦，要耐心一点，认真一些。其实很多时候，孩子并不是非要一个确切的答案，他只是希望自己的提问受到重视。如果我们对他的提问表示出极大的关注，哪怕不能给他一个满意的答案，他也会觉得很受鼓舞。

鲁迅的儿子海婴小时候特别爱问问题，对于儿子提出的问题，鲁迅总是非常耐心，不厌其烦地给予解答。

有一次，海婴问鲁迅："爸爸，你是谁养出来的呢？"

鲁迅回答说："是我的爸爸、妈妈养出来的。"

海婴又问："你的爸爸、妈妈是谁养出来的？"

鲁迅又回答说："是爸爸、妈妈的爸爸、妈妈养出来的。"

海婴并没有停下来，接着又问："爸爸、妈妈的爸爸、妈妈，一直往前，最早的时候，人是哪里来的？"

就这样，最后一直问到了物种起源的问题，鲁迅告诉他是从原子——单细胞而来的，但是海婴还是打破沙锅问到底："在没有原子的时候，所有的东西都从什么地方来的？"

对于这个问题，不是几句话就能回答清楚，也不是几岁的孩子所能了解的。但为了不让孩子失望，鲁迅就告诉他："等你以后读书了，你的老师会告诉你的。"

回答孩子的提问，最重要的是真诚。如果我们确实很累或者很忙，我们可以对孩子说："你提的这个问题很有趣，可是爸爸（妈妈）现在很累、很忙，要不爸爸（妈妈）明天专门回答你，好不好？"但要记住，我们既然答应了孩子，就千万不要食言。

方法二：我们可以反问孩子

当孩子提问时，我们固然应以诚恳的态度回答，但这样也容易使孩子产生依赖心理。因此，有时候我们可以采取反向思维——通过反问来诱导他思考问题，即借着他的问题，让孩子作更多更深入的思考。当孩子问我们"为什么"时，我们可以把问题回击给他。

比如，当孩子问我们："为什么我一定要去上学呢？"此时，我们可以反问："你要是不去上学，结果会怎么样呢？"这样，孩子就会去思考不上学可能会出现一些什么情况。我们不用费心地解释，他们就可以明白原因，而且他的思维也就能因此而发散开来。更重要的是，还可以使孩子养成心中有疑问，自己先思考的习惯。当孩子在我们的诱导下自己得出答案时，他一定会非常高兴，这样有助于孩子自信心的培养。

方法三：被孩子问倒了，应如实相告

有时候，我们也并不是不愿意回答孩子的问题，而是实在是不知道怎么回答孩子的问题。因为孩子的问题千奇百怪，成人也不是百科全书，当然不可能事事都知道。而且有些事情一句两句也讲不清楚，讲多了孩子又不能理解。

如果孩子的问题我们确实不知道，或者一时难以解释清楚，应如实地告诉孩子："这个问题我也不清楚，等我查查资料或问问别人再告诉你。"事后，要想办法查问清楚，尽可能给孩子一个满意的答复。当然，我们也可以就这个问题和孩子一起去问别人或查阅书籍。

有一位妈妈，儿子上了小学一年级以后，每天放学回家后，都有问不完的问题。开始妈妈十分自信地认为，自己是一个大学生，"对付"一个孩子的问题，那还不是小菜一碟。没想到，儿子有时候提出的问题并不是想象的那么简单。如"为什么人伤心时会流眼泪？""为什么橡皮擦会有弹性？"

为此，这位妈妈先把儿子提出的"难题"用本子记录下来，一有时间就去查资料，或找别人打听。有时还带着儿子一起去图书馆、阅览室寻找答案。为了回答好儿子的问题，这样做虽然辛苦一点，但儿子的知识面却大大地拓宽了，智力水平也有明显提高，同时，孩子也养成了勇于提问的好习惯。

对于孩子的提问，我们千万不要敷衍了事，用糊弄的态度支吾过去，更不宜将一些荒诞的、不科学的内容灌输给孩子。因为，孩子对于父母的话总是很信服的，他会将错误的答案当成真理。给孩子一个错误的答案，还不如告诉他这个问题我们也不懂，需要查阅资料以后再告诉他。

孩子上课不认真听讲有原因

叛逆期案例

冬冬是二年级的学生，平时也比较听话，就是上课不注意听讲这个毛病，让妈妈伤透了脑筋。如果他认为这堂课没意思，或者心情不好，就不认真听。总是听一会儿，就不自觉地东瞧瞧、西望望，搞小动作，桌上只要有什么东西都想玩，一支铅笔、一块橡皮都能让他玩上半节课，因此没少挨老师的批评。

为了纠正孩子的这个坏毛病，冬冬妈也想了好多的办法，比如与孩子谈心并和儿子约定，如果表现好就会得到不同的奖励，可每次都坚持不了几天。还是一节课要溜几回神，等到老师提醒而转过神来听课时，由于没听到老师前面讲的内容，节奏跟不上，于是又去玩手边的东西，或者在纸上画画什么的。冬冬自己也明白上课应该认真听讲，他也很想改掉这个坏毛病，可一到上课，就不自觉地又神游了。

因为没有认真听讲，冬冬的学习成绩一直也上不去，小学又正是打基础的时候，这让老师和妈妈都很着急。

妈妈要懂的心理学：孩子上课不认真听讲可能与他认为不值得认真听讲有关

孩子上课不认真听讲的问题，困扰着许多父母和老师。他们上课总是无法全神贯注地听讲，不是做小动作，挖鼻孔，抠耳朵，就是与其他同学交头接耳，逗闹一下，有时候看起来是在听课，实际上思想早已离开课堂，开了小差。

当孩子不认真听讲时，很多父母都简单地认为是孩子对学习不重视，或者不想学习。于是跟孩子大讲学习的重要性，反复地叮咛孩子要认真听讲，可是孩子就是无法做到认真听讲，这时，有的父母就开始怀疑孩子有毛病了。其实，真正有毛病的是父母自己，在解决这个问题之前，我们先要设法了解孩子不认真听讲的真正原因。

七八岁的孩子虽然已经有了初步控制自己情感的能力，但还是常常有不稳定的现象，容易受其他事物的影响而分心，导致上课时有什么令人吸引的事物，思想就跟过去了。有的孩子平时很少受到老师的关注，为了让老师关注自己，他只好采取不认真听课的方式，这样老师就有可能批评自己，而老师的批评正是一种关注。

有的孩子对老师所讲的内容不感兴趣，或不适应老师的讲课形式，或不喜欢任课老师，他们也会“迁怒”于听课。

心理学上有一个定律，叫不值得定律，最直观的表述就是：不值得做的事情，就不值得做好。不值得定律反映出人的一种心理，一个人如果从事的是一份自认为不值得做的事情，往往会保持冷嘲热讽，敷衍了事的态度。孩子听讲也是一样，如果他们对本节课的内容没有兴趣，或者认为这些内容没有什么用处，他们就会采取敷衍的态度，不去认真听课。例子中的冬冬无法做到认真听讲，很大一部分就是这方面的原因。

不管是什么原因，孩子如果不认真听讲，对他的成长是极为不利的。作为父母，我们也决不能以简单粗暴的行为去责怪孩子，要与孩子加强交流，了解孩子不专心听讲的真正原因，然后再采取有效的措施，对症下药。

叛逆期方法指导

方法一：帮助孩子排除某些干扰

有些孩子不认真听讲，是因为被某种东西干扰了，一旦排除这些干扰，就能把他们的思想拉回课堂。

那么，这些干扰来自何方呢？有些孩子可能是因为不适应新环境，有些孩子可能是不喜欢任课的老师，有些孩子可能是与同学们的关系比较紧张，有些孩子可能是因为家庭关系比较紧张，还有些孩子则可能是因为身体不好、休息不好。

我们该如何为孩子排除这些干扰呢？

如果孩子是因为不适应环境，我们就要弄清楚，孩子到底是哪些地方不适应，然后教孩子学会改变自己，以适应环境。

如果孩子是因为不喜欢任课老师，我们可以问一问他为什么不喜欢任课老师，是老师课讲得不够好，还是老师对他不够关心，找到症结之后，我们可以找任课老师谈一谈，商量一下解决办法。同时，我们还要告诉孩子，他是在为自己而学习，不是在为老师而学习，如果对自己的学习不负责任，会耽误他自己。

如果孩子是因为与同学的关系比较紧张，我们就要弄清楚孩子交往的原则和方式，然后教给孩子与人交往的一些技巧。

如果孩子是因为家庭关系紧张，我们要搞清，到底是因为亲子之间的矛盾，还是家长之间的矛盾，然后下决心解决相关矛盾。

如果孩子是因为身体不好，就要带孩子上医院检查；如果是因为休息不好，就要考虑他的营养和睡眠，要给孩子一个安静的学习环境，比如，孩子晚上学习的时候，我们看电视不要开太大声，不要在家里打麻将。

总之，一定要具体情况具体对待，找到具体原因，帮助孩子排除上课听讲的干扰因素。

方法二：发掘孩子的学习兴趣

兴趣是学习最好的老师。如果孩子对学习不感兴趣，那就很难要求他集中注意力。假如孩子对学习的内容兴致勃勃，根本不用谁督促，上课就能全神贯注地听讲。因此，我们一定发掘孩子的学习兴趣。

首先，我们要引导孩子认识知识的用途。比如，我们可以告诉他，学习英语，可以上网冲浪，或者可以给外国的小朋友发电子邮件，和他们聊天交流；学习语文，可以培养自己的语言表达能力，交到更多的好朋友；学习数学可以锻炼自己的思维能力……对于其他学科，我们也可以利用生活中的实例去引导孩子，激发孩子学习各种知识的兴趣。

对于七八岁的孩子来说，获得成功的体验，也是激发他们学习兴趣的关键所在。在孩子刚开始学习的时候，对他们的期望不能太高，要及时肯定他们所取得的点滴成绩，并给予一定的奖励。在我们看来微不足道的进步，都可以给孩子带来成功的体验。这种温和的表扬方式很容易被孩子接受，孩子也不会因为一次成绩不好而失去学习的兴趣。

方法三：训练孩子的注意力

法国生物学家乔治·居维叶认为，“天才，首先是注意力”。一个人如果把自己的精力全部集中起来做一件事，叫聚精会神。为什么科学家成就高？就是因为他们把所有的精力都集中在这一件事情上。如果孩子也能够集中注意力，就可以保证他上课不走神。

有一个八岁的孩子，叫陆陆，陆陆学习成绩很优异，上课从来都能认真听讲，玩的时间也很充裕。有人问他为什么有那么多时间玩，学习还那么好呢？他说："我任何时候都是该做什么就做什么，从来不分心。"别人又问他是怎么做到这一点呢？他说："你看我妈妈，她是大学老师，经常写论文，非常专心，有时候奶奶叫她吃饭她都不吭气。从小看妈妈这样，我就跟着学，同学叫我去玩，我说我要先做完作业，就这样形成习惯了。"

可见，孩子能否集中注意力跟父母的言行大有关系。如果父母做事集中精力，孩子无形中就会养成集中精力的好习惯。

当孩子从事某种活动时，要尽量排除不必要的干扰。比如，孩子在写作业时，我们不要在一旁大声说话、看电视、打麻将，也不要随意指派他去做别的事，以免干扰孩子的活动。否则，久而久之，孩子很容易形成注意力容易分散的坏毛病。

我们还可以让孩子从事一些需要注意力持久而集中的活动。比如玩皮球，孩子玩皮球时，常常看着皮球从高处掉下，碰到地面后又蹦上去，再掉下，他觉得很好玩，于是全神贯注，两眼紧紧地盯着皮球。这个过程，实际上就是注意力锻炼的过程。另外，如穿珠子，捡弹子活动，让孩子一粒一粒地穿，一颗一颗地捡，这也有利于孩子注意力的锻炼。

方法四：给孩子补习功课

没有人在面对听不懂的语言时，能够集中自己的注意力，对于七八岁的孩子来说，更是如此。如果孩子的基础太差，知识漏洞就跟筛子孔一样多，我们要求他上课认真听讲，是不会有任何效果的。即使给予惩罚也起不到多大的作用，他最多给我们"做听讲状"，搞搞形式主义。

对于这样的孩子，我们最好给他请家庭老师，从头补起。当然，我们也不用每门功课都补，哪门功课最有希望进步，就补哪一门，如果这一门经过补习后，成绩有所提高，那么就会增强孩子的自信心。然后，我们再继续一科一科地努力，让他的功课越来越好，信心越来越足。最后，成绩上来了，他自然也就会认真听讲了。

孩子写作业故意磨蹭怎么办

叛逆期案例

一天晚上，冲冲写作业的时候，不是摸摸尺子，玩玩笔帽，就是拿一块小橡皮扔着玩，都晚上9点了，作业还在继续中，为此，妈妈非常着急。照冲冲这种速度，就是到10点也完成不了。那么，他的睡眠就不能保证，肯定会影响第二天的学习。

经过妈妈几次严厉的催促，但冲冲却好像是成心在考验妈妈的耐心一样，仍然是不紧不慢，做做停停，半天也完成不了一道题。看着冲冲懒散的样子，妈妈怒火中烧，像狮子一样大声地咆哮起来："你到底要磨蹭到几点？你是故意的，对不对！今天不写完作业，就别想睡觉！"

看着妈妈那吓人的样子，冲冲"哇"的一声哭了，一边哭还一边说："我早做完有什么用，你也不让我玩。"听着孩子的辩解，妈妈呆呆地站在那里，又伤心，又生气。

妈妈要懂的心理学：孩子做作业故意磨蹭有时候是在与父母抗争

生活中，我们会经常听到一些七八岁的孩子父母抱怨自己的孩子，写作业时故意磨磨蹭蹭，总是一边写作业，一边东看看，西看看，有时候半小时能做完的作业，他们愣是做了三个小时，怎么说他们都不管用，让他们头疼不已。

七八岁的孩子写作业磨蹭的原因有很多，有的是因为学习基础差，有的是因为时间观念差，有的是因为不能够做到集中自己的注意力，等等。但是，对于那些写作业时故意磨磨蹭蹭的孩子来说，真正的原因在父母身上，他们的磨蹭很大程度上都是被我们逼的。为什么会这么说呢?

现在的父母，都是望子成龙、望女成凤，生怕自己的孩子落后于他人，总是希望孩子在做完老师布置的家庭作业以后，再多做些题目，这样学习会更好。有的孩子学习好，每天都能很早做完作业，然后就去做自己的事情去了，但妈妈们唯恐浪费了孩子“宝贵的学习时间”。于是，每天便额外增加了许多“妈妈作业”。总之，只能看见孩子在学习，不能看见孩子玩儿。

当然，七八岁的孩子的虽然年龄不大，但也不是省油的灯。我们听听一个孩子的说法吧：“快点写完作业有什么用啊?写完了我也不能做自己的事情，写完了老师的作业，妈妈会给我再布置作业，妈妈布置的作业写完了，爸爸的作业又来了，总之就是不会给我玩的时间，还不如边玩边写呢！”

从孩子的话中我们可以看出，他们做作业故意磨磨蹭蹭，正是他们与父母抗争的一条对策。父母“爱子心切”的做法，让孩子感到学习的重负，但他们又无力反抗父母的命令，即使将自己的想法和跟父母说了，也会遭到父母的唠叨，说自己不好好学习了。因此，他们只能用磨蹭、拖拉、寻找理由等消极的做法来应付、抵制、抗议甚至发泄对我们的不满。

例子中冲冲之所以做作业磨磨蹭蹭，其实正是对父母的一种反抗。他是希望妈妈能明白，自己如果能早点做完作业，可以有玩的时间。因此，当孩子做作业故意磨磨蹭蹭时，我们千万不能意气用事，一味地责骂，这样只会适得其反。要注意总结方式方法，从自身做起，慢慢地调整孩子做作业磨蹭的坏习惯。

叛逆期方法指导

方法一：给孩子适当的娱乐时间

很多父母喜欢给孩子布置一些额外作业，比如，在做完老师布置的作业外，会让孩子读英语，读完英语后，又安排孩子做奥数题，等等。这样做，孩子会意识到：只要自己有时间，父母就会给自己安排作业。因此，孩子在完成老师布置的作业时，就会想办法故意磨磨蹭蹭，因为只要老师布置的作业还没完成，父母就不会再布置新作业。

一天下午，晓晓的妈妈去学校接七岁的儿子回家，在校门无意中听到了两个小男孩的对话，都只有七八岁的样子。

一个比较胖的小男孩问："你的作业在学校做完了吗？"

"做完了。你呢？"另一个稍瘦的小男孩回答说。

小胖男孩摇了摇头，然后趴在同学的耳朵边上，诡秘地说："没有，不过我故意没做完的，留了个尾巴。"

"为什么？"稍瘦的的小男孩有些惊讶地问。

"你的作业在学校做完了，回家你妈妈还给你布置作业吗？"比较胖的小男孩反问道。

"当然会布置，每天回家妈妈不是让我做数学题，就是让我学英语，有时明明说好只做两道题，可要是见我做得快了些，她就会再给我留两道。反正不让我玩，烦死了！”瘦小男孩愤愤地说。

“我的作业留一个尾巴，就是等回到家后，再慢慢地写，一直到睡觉前才把它完成。这样妈妈就不会再给我布置新的作业了。你也可以这样做。”胖男孩向同学献计献策。

胖男孩听了这个主意，兴奋地挥了挥拳头说：“从明天起，我也要给作业留一下小尾巴，耶！”

晓晓的妈妈听完孩子的谈话，感触很深，因为自己就是那样的妈妈，孩子故意磨磨蹭蹭地做作业，原来是在和我们抗争。看来，自己以前确实做得不对，以后需要改变方法了。

当天把晓晓接回家后，妈妈明确地告诉晓晓：“从今天开始，只要你按时保质完成作业，老妈将不再为你布置另外的作业了，做完作业后，剩下的时间由你自己支配。”

晓晓疑惑地看着自己的妈妈，十分不相信地说：“这是真的吗？你不会骗我吧？”妈妈拍了拍儿子的小脑袋说：“当然，千真万确！”晓晓顿时高兴的跳了起来，抱着妈妈的大腿欢呼：“妈妈真好，妈妈真好！”果然，那天的家庭作业，用不了30分钟就做完了，平时没有3小时是不会完成的。

为了进一步调动儿子的积极性，每天一回家，妈妈就会对晓晓说：“儿子，快写作业，写完作业我就带你到公园玩。”“儿子，快写作业，写完我们去打羽毛球。”“儿子，快写作业，等下爸爸还要带你去看电影……”晓晓一听，做完作业要去玩，要看电影，高兴得不得了，于是赶快认真地写作业，当然，妈妈也兑现自己的诺言。

就这样，一次、两次、三次……晓晓快速认真完成作业的良好行为，得到了不断的重复，最后，终于养成了快速完成作业的好习惯。

可见，给孩子留一点属于他们自己的时间，作用是显而易见的。因此，只要老师布置的作业，按时保质写完了，我们就将剩下的时间交给孩子自己安排，让他们做自己喜欢的事情。养成这样的习惯以后，孩子就会抓紧时间完成各种任务，因为早写完就有很多时间玩了。久而久之，孩子就会慢慢改掉写作业磨蹭的坏习惯了。

方法二：让孩子自己安排时间

现在，很多父母总是习惯于什么事情都替孩子安排好："该写作业了。""该读英语了，别看电视了！""该睡觉了，不要玩了！"每天晚上，很多父母都这样一遍一遍地提醒着孩子、催促着孩子。父母总是这样替孩子安排时间，他们当然不用自己操心去怎么安排自己的时间了，也就自然很难建立时间观念。

如果孩子对时间没有概念，做作业磨蹭也是自然而然的事了。解决的办法只有一个，那就是让孩子自己安排时间。

为了克服丰丰写作业磨蹭的坏毛病，妈妈特意给他制订了一个时间表：

1. 晚上6点左右，回家后先做完老师布置的作业。
2. 完成奥数作业（不是每天都有），做口算练习。
3. 背课文，背英语单词，听英语磁带。
4. 练习书法，阅读课外书（如果有时间）。
5. 晚上9点半准时睡觉。

按照这个时间表试行了一个月，但效果并不好。丰丰常常是过了9点半，连学校的作业都没有完成。妈妈偷偷观察发现，如果没人监督，丰丰并不能按照时间表的顺序行事。他一般都是先看课外书，然后东转转，西逛逛，或者看电视，等着吃晚饭。饭后又休息半小时，经常是开始写作业的时候，已经到了7点半。

虽然妈妈一再提醒，要先写完作业，再看课外书，但效果并不明显。于是，妈妈坐下来和丰丰商量时间表的问题。在听取丰丰的意见之后，两人重新制定出了一个时间表。时间表要求，丰丰每天要在晚上8点45分之前完成所有的作业，剩下的45分钟时间，由他自行安排。

这张时间表得到了丰丰的认同，经过两个星期的实践，妈妈惊喜地发现，丰丰常常在晚上八点前就完成了所有的作业，高高兴兴地做他自己喜欢的事情去了。即使没有人监督，他也可以自觉地按照时间表做事了。

丰丰之所以能改正做作业磨磨蹭蹭的坏毛病，正是在于他妈妈给了他安排自己时间的自由。因此，我们要想让孩子做作业快起来，就让孩子给自己订立一个时间表，比如什么时间做作业，什么时间玩，清清楚楚地写下来。当然，七八岁的孩子想问题不是很全面，我们可以在他订立时间表时，提出一些建议，以便时间表能制订得更加科学。

自己制订的时间表，虽然少不了做作业的时间，但也有玩的时间，一般来说，孩子都会自动遵守。只要孩子能够按照自己制订的时间表行事。慢慢地，做作业磨磨蹭蹭的坏毛病就会逐渐消失了。

孩子考试马虎有多方面原因

叛逆期案例

田田是小学二年级的学生，平时成绩并不差，一般的试题都难不倒他。但唯一的毛病就是，一碰上考试就会变得马虎粗心。每一次考完试，他都是自信满满，说试卷上的题都会做，不会出现什么错误。

可等试卷一发下来，就不是那么回事了，不是这儿多写了一个数儿，就是那儿少算了一道题。如果马上再考他，他还是都会做，就是考试的时候太马虎了。田田这个考试马虎的毛病如果不及时改正，很可能会在他以后的学习生活中拖他的后腿。妈妈也因为家里的这个“考试小马虎”一直烦恼不已。

妈妈要懂的心理学：孩子做事马虎有多方面的原因，妈妈要对症下药，有针对性地解决

有的小孩子平时成绩还不错，但一到考试就傻眼，总是马马虎虎，发挥不出应有的水平。比如，有的孩子做了前两页的题之后，后一页的就忘记做了；有的孩

子把加法做成减法，把减法做成加法；有的孩子做应用题时，回答前一提问，却忘记了回答后一提问……结果，一些完全力所能及的题目因为粗心大意，造成了不该出现的失分，使成绩大幅下降。

七八岁的孩子一到考试就马虎的毛病，令很多父母感到头疼。那么，考试时，为什么会出现这么多的小“马虎虫”呢？马虎看起来简单，不过是粗心大意而已，其实是一种很复杂的心理现象，原因是多方面的。

性格和态度是造成七八岁孩子马虎的原因之一。七八岁的孩子性格往往比较急躁，在考试的时候，总是匆匆忙忙，慌慌张张，好像后面老有人在催他，于是做题就很容易出错。有的孩子态度不端正，因为年龄小，做事缺乏责任心，没有把学习看成分内的事情，他认为自己是在给父母和老师学习，于是消极怠工，敷衍了事，马马虎虎凑合着做完就得，错误百出也满不在乎。

孩子考试马虎，有时候也是被父母吓的、压的。很多父母都有一种不好的习惯，就是不加节制地给孩子施加压力，而七八岁的孩子承压能力又比较弱。结果孩子在考试时，心里想的不是怎么做题，而是担心万一考不好，会遭到父母的训斥、责骂，等等。以这种心理状态考试，不出现马虎现象才怪呢！

在面对孩子的马虎现象时，有的父母是反复提醒孩子，比如孩子在考试前，总是千叮咛万嘱咐：“考试时，千万不要马虎。”有的父母是吓唬或责骂孩子，比如“你要是马虎，成绩越来越差，你干脆就别上学了！”“你真是太马虎了！我不知跟你说多少遍了，怎么还是做错了？”有的父母则会惩罚孩子，比如写错一个字，做错一道题，就罚孩子做100遍，希望能让孩子长点记性。

这些方法虽然都有一些效果，但却都是治标不治本，无法解决根本问题，孩子该马虎的还是会马虎，该出错的还是会出错。解决孩子的马虎问题，我们必须对症下药，根据马虎产生的原因，采取有针对性的措施，才能帮助孩子摆脱马虎的困扰。

叛逆期方法指导

方法一：运用正强化的方法

因为七八岁的孩子比较小，要想纠正他们马虎的毛病，是一件细致的、艰难的、经常反复的工作，需要我们高度的责任心和耐心，不可急躁，不可以责骂，更不要给他们贴上“马虎”的标签。如果总是责骂孩子太马虎，反而会给他们一件自我辩解的武器。比如有的孩子考试没有考好，是因为他没有认真学习，他却对人说：“其实这些题我都会做，只是太马虎了！”马虎的说辞竟成了他们逃避责任、欺骗自我的工具。另外，责骂还有可能导致孩子情绪紧张，对学习兴致全无，由马虎走向厌学。

要想纠正孩子马虎的坏习惯，与其过分苛责孩子，不如运用正强化的方法。如果孩子马虎，我们就一遍一遍地说他马虎，其实这是在强化他的马虎，他就会认为自己就是这个样子了，这样一来，孩子的马虎毛病反而会越来越严重。如果我们反过来做，在他马虎的时候不理睬他，淡化他的马虎习惯。然后在他偶尔细心的时候马上表扬他，强化他的细心，这样，慢慢地他就会向着细心方向发展了。

方法二：培养孩子的责任心

美国心理专家，素有“领导教父”之称的丹尼斯·韦特利说过：“如果想让孩子成为一个合格的人才，你必须使他（她）从小就有责任感，在个人发展空间和个人责任之间达到平衡。”要培养七八岁孩子的责任感，先得让他负责任。

美国的孩子只要到了具有简单工作能力的年龄后，便会主动地帮社区邻居除草、送报纸、铲除积雪等，以挣点零花钱。

一年冬天，在一个大雪纷飞的早晨，一个小孩子按响了一对老夫妇家门口的门铃。

老太太开门后，看见门口站着一个不到十岁的小男孩。

"你好，我能帮你们铲雪吗？"小男孩问道。

老太太亲切地说道："好啊，我们的车道铲雪工作，就决定交给你这位小绅士喽！"

说完，老太太便带着小男孩去拿铲雪工具，一边走还一边问："你有没有想过，你赚钱以后是要把它们存起来？还是拿去买糖果吃？"

没想到，小男孩兴奋地答道："我赚钱不是要买糖果吃，我爸妈都还在念大学，这些钱先赞助他们交学费！等我以后长大了，他们答应也会同样帮助我读到大学毕业。"

这个孩子的行为的确让人心动，其责任心和价值观的培养必定与其父母的教子理念有关。著名教育家茨格拉夫人说："必须教育孩子懂得他们不同的一举一动能产生不同的后果，那么随着时间的推移，孩子们一定会学得很有责任感的。"作为父母，不必事事抢在孩子前面，不必把他们照顾得无微不至。当他们具有了某些能力时，就要对相应的事情负责。要让孩子觉得责任重大，不能因马虎而出错。

我们可以把孩子的东西，如他的抽屉、书架、衣柜等等，与大人的区分开来，让他明白自己的东西自己保管；让孩子负责一项家庭事务，如让孩子管理一个月的家庭生活开支；让孩子做一个小监督员，让他监督爸爸妈妈、爷爷奶奶是否有乱放东西的行为，如果有就可以进行批评。这样，孩子在管理大人的同时，也会注意改正自己丢三落四的行为；我们可以制订一个行为审核表，将孩子丢三落四的行为记下来，并按星期统计次数，如果次数降低，则给予奖励，反之，则适当惩罚。

方法三：给孩子建立"错题档案"

要想真正解决孩子考试中的马虎问题，就一定要把他们经常出错的地方找出来，把错误频率统计出来。要做到这一点，就要给孩子建立一个"错题档案"。

君君读小学一年级，她非常喜欢数学课，但遗憾的是，每次数学考试时，计算题总是频繁出错。而出错的原因全是因为马虎。为了改正君君马虎的毛病，妈妈想了很多办法，但效果都不是很好，这让妈妈很是心急。

后来，一次偶然的机会，一个朋友教了君君妈妈一个办法。那个朋友说，她女儿七八岁时，也是一个小马虎，为此，她给女儿做了一份“错题档案”，将考试中做错的题都记下来，有时间就看一看，再做一做。刚开始时，“错题档案”本很厚，后来越来越薄，最后变成一片空白。

君君妈妈觉得这个办法可以，于是立刻给女儿也买了一个笔记本。告诉她将试卷、作业本、练习册上的错题详细地记录下来，然后分析一下做错的原因。女儿列出错题后，她觉得很多都是因为自己太马虎而造成的，比如看错数据、口算失误、漏题等。

为了改掉自己的坏毛病，君君每天晚上对照老师的批改，认真记录错题。在重复犯了无数次相同的错误之后，君君对各种错误都已烂熟于心，考试时遇到相同的差错时，都能顺利地避开了，再也没因为马虎而被扣分了。

可见，建立“错题档案”是改正孩子考试马虎的好办法。“错题档案”实际上还是一本很好的复习资料，尤其是在考试前期，让孩子看一看，再做一做，他们就很难再犯同样的错误了。我们还可以帮助孩子把“错题档案”上的题分一下类，哪些是概念错误，哪些是计算错误，哪些是马虎错误，这样做，就能更加明晰地让孩子知道自己因何而错了。

孩子偶尔旷课、逃课很正常

叛逆期案例

八岁的天天是一个很聪明的孩子，上课时的表现也不错，唯一不足的就是作业总是不能按时完成。起初，老师认为他是写字慢，做作业时比较拖拉。后来，天天却经常肚子疼、呕吐。每一次，老师都会通知他的父母，让他们带孩子去看医生。

医院不知道去了多少次，但天天的病却没有得到根本性的改善，还是时不时地犯。送来学校时还是好好的，只要父母一走，他就开始吐。再后来，在家什么事都没有，但一到学校门口，就哭闹着说肚子疼，要回家。有一次，老师把他强行拉进了教室，检查作业时才发现，原来他没有完成家庭作业。时间一长，老师发现：只要没有完成作业，天天在第二天肯定就会装病逃课。

后来老师经过调查发现：天天妈在给天天辅导作业时，嫌天天写得慢，怕累着孩子，于是经常直接告诉他答案或帮他写；而天天的爸爸，对孩子的学习更是不管不问。慢慢地，天天的课落得越来越多，学习越来越困难。天天的学习兴趣也就逐渐降低，逃课，就成了他逃避困难的一种方式。

妈妈要懂的心理学：七八岁的孩子比较贪玩，旷课、逃学是厌学、恐学的表现

逃学通常是指孩子没有任何正当理由就不去上学，或者课间离开学校就不再回去。逃学属于一种不良行为，在七八岁的孩子中最为多见，这令许多父母苦恼不已。

七八岁的孩子逃学，主要有以下几种情况，我们一起来看一下。

七八岁的孩子，大多数比较活泼贪玩，而学习是有纪律约束的，是需要付出意志努力的一种艰苦的脑力劳动。如果遇到有趣的活动，或其他小朋友一怂恿，孩子就很有可能忘乎所以地走出校园，痛痛快快地玩一场。也有些孩子沉溺于电子游戏、棋牌等与学习无关的娱乐活动，结果导致学习兴趣下降，出现旷课、逃学现象。

七八岁的孩子，心理承受能力比较弱，他们有时候会因为恐惧学校的生活而逃学。比如，孩子与老师的关系不协调，老师常用罚站、严厉批评等方式对待孩子；也有的孩子因为胆子小，在学校经常受到其他同学的欺负，回家后又不敢告诉父母，为了躲避同学的攻击，只好采用旷课、逃学的办法。

另外，有的孩子因为成绩比较差，父母只是用不断地施压以及奖惩制度来要求、约束孩子，给孩子造成了沉重的心理负担和精神压力，于是令孩子逐渐对学习失去了兴趣，丧失了学习的信心，因而走上了旷课、逃学之路。

当然，七八岁的孩子，辨别是非的能力比较差，而且缺乏自制力，很容易受到诱惑而迷失方向，这也是导致他们旷课、逃学的重要原因。在旷课、逃学的孩子中，有相当一部分是受到了他人的挑唆、引诱。这里所说的“他人”，既包括校内有旷课、逃学行为的孩子，也包括社会上的那些不良分子，他们的“榜样”示范、言行教唆、物质引诱都有可能导致孩子旷课、逃学。

孩子旷课、逃学，是比较严重的问题，其实，从根本上讲，这也是他们厌学、恐学的一种表现。有些孩子为了旷课、逃学，甚至会出现一些稀奇古怪的“病”。如发烧、呕吐、肚子疼、腹泻等，只要一去上学，这些病立刻就会出现；只要知道不用去上学，病就会自然而然好了。这种情况，是儿童逃学综合征的一种表现。例子中的天天，就属于这种情况，一上学就“生病”，一逃课就“好”，其实这也是“家校互动”的共同结果，因此父母和老师都有应当改正的地方。当然，逃学的孩子，也不一定都会出现儿童逃学综合征。

孩子旷课、逃学，不仅学不到应有的知识，还有可能在外面与其他坏孩子一起做坏事。学校是学习的地方，无故旷课、逃学是不应该的，家长应及时联合老师采取适当的方式与方法，解决孩子旷课、逃学的问题。

叛逆期方法指导

方法一：孩子逃课，不妨来个“冷处理”

孩子旷课、逃学，虽然令人头疼，但我们也不能不问青红皂白，总是批字当头，或者罚字当先。这样做，只能增加孩子的厌学情绪和逆反心理，很可能将孩子原本不多的求学热情“扫荡”得一无所存。而且，如果教训得太重，还会给某些不良分子以可乘之机，使孩子更快地向那些人靠拢，后果是不堪设想的。

针对孩子旷课、逃学，我们最好的办法应是来个“冷处理”，先平息自己心中的怒气，然后跟孩子谈谈心，弄清楚孩子不愿上学的动机和原因是什么，有哪些诱因。接着针对孩子的问题进行引导，要讲事实说道理，讲明到学校学习的重要性。

我们还要对孩子每一科的学习情况进行分析，尤其要对学习最差的科目的学习态度、方法，以及学习的具体内容仔细分析，找出问题，问题找得越准越好，然后再对症下药。另外，当看到孩子的优点，或者微小进步时，要及时给予肯定，使孩子感受成功的喜悦，逐步提高他的自信心，让他由“厌学”变成“好学”，只要孩子爱上了学习，那么，旷课、逃学的问题自然就得到了解决。

方法二：给孩子一点自由支配的时间

如果孩子旷课、逃学，目的只是因为贪玩，或者为了某种兴趣爱好，如绘画、打球、游泳等。我们就应该给孩子一点自由支配的时间，让孩子去休息、娱乐，或发展自己的爱好。而不要对孩子限制得太多，连正常的文娱活动都剥夺。孩子的正常兴趣只要得到一定的满足，他们就不会旷课、逃学了。

安安今年八岁，他有一个很要好的同学。这个同学放学以后，经常到安安家来玩，与安安一起做作业，有时候很晚才会回家。

刚开始，安安的妈妈很是奇怪，那个同学是不是自作主张，其实父母并不允许他这样。可那个孩子告诉她，父母同意他这么做。安安妈也亲耳听到那个孩子给父母打电话，告诉他们在哪里，那个孩子的父母只是对他说，“行，你几点几点要准时回家”。

这个孩子父母的做法给安安妈很大的触动。安安自从和那个同学来往密切以后，也一直在和她争取自由支配时间的权利，说他不想什么都听父母的，如果都听父母的，他就不能做自己喜欢的事情了。

一天晚上，安安妈答应安安让他自己去找同学玩，并且约好八点半必须回来。结果安安真的八点半回来了，这让安安妈很是高兴，她对安安说，以后放学之后的时间，就由你自己支配吧，但是一定不要忘了做作业。

很多父母总认为学习是孩子一切生活的轴心。其实，孩子生活中除了学习，还应该有自己的兴趣和娱乐，有自己的休闲和交际。如果父母控制了孩子所有的时间，孩子没有一点自主权利，那么，他们就有可能通过旷课、逃学的方式来为自己赢得时间，偷偷地发展自己的兴趣爱好了。

方法三：注意孩子交友的对象

常言道："近朱者赤，近墨者黑。"由于七八岁的孩子涉世未深，同龄人又都是"半幼稚"的孩子，如果孩子在交友上出现偏差，甚至交上坏朋友，比如爱旷课、逃学的朋友，可能会由此而受到不良影响。因此，我们一定要注意孩子交友的对象。

小时候，孟子家的附近是一片坟地，总有送葬出殡的人家在那里吹吹打打。孟子好学，看了以后就和邻居的小孩一起学着大人跪拜、号哭的样子。孟子的妈妈看到此境，非常担忧："不行！我不能让孩子住在这里了！"

于是，孟子的妈妈就带着孟子搬到了市集。结果，孟子又和邻居的小孩一起学起了商人做生意和杀猪宰羊的事。孟子的妈妈知道了，皱皱眉头："这个地方也不适合我的孩子居住！"

于是，孟子的妈妈又带着孟子搬到了另外一个地方，隔壁是个学堂，里面都是读书人。孟子每天都看到上学的人举止文雅，互相礼貌相待，也学着读书明礼。孟子的妈妈这才满意地点着头说："这才是我儿子应该住的地方呀！"

孟子的妈妈三次搬家，正是为了使孟子有个好的学习环境，她知道，儿子只有接近好的人、事、物，才能学习到好的习惯。如果孩子每天都与一些爱逃学、不爱学习的孩子来往，孩子之间就会互相影响，一起商量着旷课、逃学后去干什么，如何向父母撒谎等。

如果发现孩子与别的孩子一起旷课、逃学，我们就应该与别的家长，还有老师一起联合起来，共同纠正孩子们旷课、逃学的行为。比如，一起请家庭教师为孩子们补课，一起进行文体活动，订立互相促进计划，成立“争气小组”等，把孩子们的自信心提起来。

孩子学习偏科怎么办

叛逆期案例

当妈妈看到修修的月考成绩时，不由得又摇了摇头：语文95，数学92，英语65，唉，这孩子，英语成绩还是没上去，这怎么办呢？看着女儿的成绩单，修修的爸爸妈妈眉头紧锁，连连叹气。

修修是二年级的学生，很文静，学习也很用功，上课时专心听讲，主动回答问题，作业做得也是工工整整……可是，从一年级到二年级的每次考试，她的英语成绩都不如语文、数学成绩理想。

对于孩子的偏科问题，妈妈也想了很多办法，甚至还责备过修修很多次。爸爸也经常教育修修："英语和语文、数学一样重要，你不能太偏科。"但修修总是噘着嘴说："我不喜欢英语，最讨厌的就是英语，没劲死了！"

平时，修修用在英语上的时间也不多，爸爸妈妈很少见她在家主动学习英语，而老师也反映修修在英语课上不用心听讲，有时候还会做别的科目的作业，为此老师说过她多次，但效果并不好，老师对这些事儿也很头疼。

在现代社会，英语的重要性不言而喻，如果孩子的英语成绩一直上不去，肯定会影响到她未来的发展，到底该怎么劝说修修学好英语呢？修修的爸爸妈妈对此非常担心。

妈妈要懂的心理学：孩子偏科有时候是由于喜欢或不喜欢某个老师而引起的

七八岁的孩子，学习偏科的现象也并不少见。调查显示，有超过20%的小学生有偏科现象。对于父母来说，也有一份调查显示，能够接受孩子偏科的父母只占30%左右，50%以上的父母不能接受孩子偏科。小学是打基础的阶段，偏科非常不利于孩子素质的全面发展，因此，我们要特别注意纠正孩子的偏科倾向。

那么，究竟是什么原因导致七八岁的孩子偏科呢？七八岁的孩子，辨别是非的能力还不是很强，偏科一般是由于喜欢或不喜欢某个老师而引起的。

孩子如果偏爱语文，往往是由于喜爱他的语文老师。喜欢语文老师对他的关注，对他的表扬和鼓励；也可能是语文老师的教学方法生动形象，风趣幽默，他学习起来比较轻松。孩子如果讨厌某一门课程，可能就是由于任课老师的一个冷眼、一句挖苦或一次打击等引起的，或者老师的教学方法一成不变，听起来没劲，不愿意学，没兴趣，因而采取应付的态度。

孩子偏科，与他们的思想认识和兴趣也有关。如果孩子喜欢某一门课程，甚至兴趣很强，就会产生学习动力，促使他积极地去学习这门课程；相反，对于不喜欢的课程，他们总是显得不够积极主动，时间一长，偏科现象自然也就产生了。

还有一些孩子，起初并没有偏科现象，但因为偶尔一次考试没有考好，或者成绩不理想，给孩子带来了挫败感。于是，孩子开始害怕以后考试会使成绩更差，结果越怕越失败，越失败越害怕，最后，使得孩子最终放弃了努力，对此科

“畏而远之”，时间一长，自然而然就导致了偏科。

如果出现某科作业完成得较慢，错误较多，马马虎虎，可能就是偏科的初始表现。孩子的偏科现象发现得越早越好。我们只要正确地进行引导，找到孩子弱势科目产生的原因，就可以避免使孩子早期的学科弱势发展成为偏科。对于已经偏科的孩子，我们首先要从思想上重视起来，帮助孩子找出偏科的原因，然后对症下药，将孩子从偏科的道路上拉回来。

叛逆期方法指导

方法一：让孩子认识偏科的危害

美国管理学家彼得曾提出过“木桶定律”，它是指一只水桶要想盛满水，就必须使每一块木板一样齐，并且没有破损，如果这只桶的木板中有一块木板与其他木板不一样齐，或者某块木板上有破洞，这只水桶就无法盛满水。也就是说，一只水桶能盛多少水，并不取决于桶壁上最高的那块木块，而是取决于桶壁上最短的那块。木桶定律告诉我们：人的各个部分往往是优劣不齐的，而劣势部分往往决定整个人的水平。因此，要想提高自己的整体水平，就要尽快将自己的那块短板补起来。

希腊神话中，有一位著名的战神叫阿喀琉斯，他是希腊神话中的头号英雄，而他的母亲，正是海神的女儿，名叫忒提斯。传说，阿喀琉斯出生以后，母亲在白天用神酒给他擦身体，夜间将他放在神火中煅烧，而且还提着他的脚跟在冥界的斯得克斯河中浸泡，最后使得他的身体刀枪不入。

但是，由于在斯得克斯河中浸泡时，阿喀琉斯的脚跟被母亲握着，没有得到冥河水的洗礼，因此留下了全身唯一致命的弱点。阿喀琉斯长大以后，在特洛伊战争中所向披靡，屡建奇功。后来，特洛伊王子帕里斯探知了阿喀琉斯的这个致命弱点，于是暗中发箭。帕里斯是一位神箭手，箭正好射中阿喀琉斯的脚跟，于是这位大英雄顿时命丧敌手。

这位大英雄之所以会殒命，正是缘于他自身唯一的一个弱点。但正是这一点点的不足却成为导致悲剧的关键因素。因此，我们要经常与孩子沟通、交流，要让孩子懂得，偏科是学习上巨大的绊脚石，不要让自己的弱科成为阿喀琉斯的脚跟，各门课程的学习，在培养能力和发展智力的过程中，担负着不同的任务，不能相互替代。如果长大了，要想当一名数学家，光有理论知识是远远不够的，还要写论文，写报告，只学好了数学，而丢掉了语文，那么自身的发展将受到很大的限制。只有帮助孩子真正认识到这点，他们才有可能自觉去弥补弱科。

方法二：提高孩子薄弱科目的兴趣与成绩

“兴趣是最好的老师”，孩子偏科也可能是对该学科缺乏兴趣。不想学就很有可能学不好，学不好就更不想学，如此形成恶性循环。因此，我们可以读一下孩子偏弱的科目，从现实生活中寻找事例，如把报纸、杂志、电视中相关的东西拿给孩子看，培养他的兴趣，让他从心理上自觉消除对这个科目的厌恶感和抵触感。关键要让他感到这个科目的学习也很“有劲”，他的学习主动性就强了。

同时，我们也要对孩子的弱科给予帮助。如果我们自己有能力，可以研究一下孩子考过的试卷，找到容易失分的地方，并进行汇总，帮孩子找出薄弱环节。我们还可以指导孩子制订提高薄弱科目的学习计划。如有可能，还可以聘请家庭教师指导孩子的学习。但要注意，不能过于加重孩子的学习负担，以每周两到三次为限。因为孩子的时间是有限的。

我们在纠正孩子的偏科倾向时，同时也要帮助孩子充分发挥自己的“强科”

优势。也就是说，既要补“弱科”之短，又要扬“强科”之长，这样才能使孩子得到全面提高。如果“矫枉过正”，就会出现“弱科变强科，强科变弱科”的现象，到头来，孩子依然还是偏科。

方法三：多鼓励一下偏科的孩子

七八岁的孩子，对自己很难有一个正确的认识，别人对他的评价很容易左右他对自己的认识，尤其是评价来自于父母或老师时，更容易让他默认自己的能力。因此，当孩子出现偏科现象时，我们不能责骂孩子，说他这个不行，那个不行，这样只会加重孩子的心理负担。他们也会因此而认为：我语文不行、我数学不行，我接受能力不行……久而久之，孩子就会这样看待自己，认为自己能力有问题。

相反，面对偏科的孩子，我们更需要给他们鼓励与肯定。要给孩子这样一个心理暗示，你一定能学好这个科目，过去没有学好，是因为你有没重视它，只要重视了，你就一定能学好。要让孩子知道，自己的偏科是暂时性的，偏科不可怕，怕的是失去了学习的兴趣和信心。只要孩子在弱势科目上有点滴进步，我们就要及时给予表扬鼓励，如课堂发言、小练习成绩等。要让孩子觉得，“我竟然在这门最差的学科上也有过人之处”。通过表扬，慢慢使他产生积极的自我暗示，“我能学好这个科目”。

在鼓励孩子时，有一点千万要注意，就是不要告诉孩子你曾经也遇到过跟他同样的困难。比如“数学这门课就是不好学，当年我的数学成绩也很差”“我以前读书时也是作文写不好”……如果我们在孩子面前说这样的话，很可能会给孩子带来偏科的心理认同教育，这等于是在告诉他“偏科没有办法纠正”，那么，孩子的偏科很有可能就真的无法纠正了。

方法三：主动与孩子偏弱学科的老师沟通

我们要积极主动与老师沟通，告诉老师孩子偏科的原因，并请老师对孩子进行鼓励和帮助。对于父母的意见和建议，大多数老师都会采纳并积极配合的。

比如，请老师在上课时提一些简单的问题，让孩子来回答，孩子答对了，就及时给予赞赏和鼓励，得到了老师的肯定与鼓励，孩子会极大地增强学习的信心和兴趣。请老师找孩子谈一谈，鼓励孩子学好这门科目。同时，让孩子知道，老师会耐心地帮助他，遇到不明白的地方尽管来找老师。如果能让老师用心细致地关爱孩子，那么，孩子就一定会逐渐建立起对学好弱科的信心。

第五章

慈严并用，构建和谐亲子关系

每个孩子都讨厌父母的唠叨

叛逆期案例

瑶瑶是一个可爱的小女孩，今年读三年级，不过近来她越来越烦恼，原因就是因为爸爸妈妈太爱唠叨了。

每天一大早，他们就开始唠叨："都什么时候了，快点起床，再不起床要迟到了！"吃早餐时接着唠叨："时间不早了，快点吃，再慢吞吞地就赶不上上课了。"晚上放学回家，想看看自己爱看的动画片，他们又开始唠叨上了："还看电视！作业做完没有，你不用复习吗？"有时候，放学回家晚了点，妈妈就会问："今天怎么这么晚才回来，一个女孩子这么晚了在路上走，是很危险的。"

有一次，瑶瑶由于考试没有考好，在学校挨了老师的唠叨，心里本来就有些烦闷、压抑。一到家，爸爸妈妈就开始啰唆："这次考试怎么考得这么差，一定要用心啊，少壮不努力，老大徒伤悲，好好努力，省得以后后悔……"听到爸爸妈妈啰唆个没完，瑶瑶实在是受不了了，头脑发涨，不顾一切地喊道："你们怎么这么烦，不就一次没考好吗？至于这样吗？"然后马上跑回自己的房间，"呯"的一声把门给关上了。

只留下了面面相觑的爸爸妈妈愣在了客厅里。

妈妈要懂的心理学：反复的唠叨会伤害孩子的自主性和自尊心，引起孩子逆反

天下没有不爱自己孩子的父母，但是，天下的父母都避免不了做一件事，那就是“唠叨”。“作业做完了吗？要抓紧啊！”“路上车多，过马路要小心啦！”“在学校要听话啊……”我们总能听到父母对孩子这样关心和嘱咐。

但是，随之而来的大多都是孩子的声声埋怨：“妈妈，我求你别说了！你说了好多遍啦！”“知道了，真烦！”“好好好！我耳朵听得都起趼啦！真是烦死了……”在现实生活中，有很多孩子都嫌父母很烦，不想听他们整天唠叨个没完没了。一项有关“你最讨厌爸爸妈妈哪些行为”的调查中，有33.8%的小学生认为自己的父母小题大做、爱唠叨。

父母之所以会唠叨，一般都是因为孩子小，才七八岁，对他们不放心，怕他们做不好，以为唠叨可以约束孩子，提醒他们免出差错。但是，我们没有注意到，自己没完没了地唠叨是令孩子最反感的事。只会让他们产生自我保护式的逆反心理，消极对抗、沉默不语，或者干脆与父母针锋相对。因为父母反复地唠叨，会伤害孩子的自主性和自尊心，更何况这又直接抵触孩子日益增长的成人感。

心理学上有一种现象叫“超限效应”，指的是人体在接受某种刺激过多的时候，会出现自然的逃避倾向。也就是说，一个人在受到外界刺激过多、过强或作用时间过久的情况下，如果超过了合理的限度，他就会极不耐烦或产生逆反情绪。超限效应在家庭教育中时常发生，比如孩子要上学，外面刮风了，父母就反复劝说孩子要多穿衣服，早上起床时说，吃早饭时又说，孩子出门时还说。这会让孩子觉得大人非常啰唆。实际上，父母过分的叮咛，不但不能起到预期的效果，反而会因为过于唠叨而使孩子产生“超限效应”，感到腻烦而听不进去，或者因为听得太多，人已经麻木。

美国一位心理学家经研究显示，如果父母对孩子房间的卫生状况总是喋喋不休、唠叨不停，孩子可能会反其道而行之，甚至想钻进猪窝里。因此，父母在教育七八岁的孩子时一定要注意“度”，要采用合理的教育方法，不要过于唠叨，而招致孩子的怒气，这样反而达不到应有的教育效果。

叛逆期方法指导

方法一：犯一次错，只批评一次

孩子犯了错以后，我们批评时一定要注意度，坚持“犯一次错，只批评一次”。如果父母一次、两次，甚至三次、四次，重复对一件事作同样的批评，会使孩子从内疚不安转变为不耐烦，最后反感至极。

有一次，美国著名作家马克·吐温来到教堂，听牧师的募捐演讲。刚开始，他觉得牧师讲得非常好，很感人，决定把自己身上所有的钱都捐出去。十分钟以后，牧师还在讲，马克·吐温感到有些不耐烦了，决定只捐一些零钱。又过了十分钟，牧师还在滔滔不绝，马克·吐温决定一分钱也不捐了。又过了很久，牧师终于结束了冗长的演讲，开始募捐。可是，因为过于气愤，马克·吐温不仅分文未捐，还从募捐盘里偷了两元钱。

一个人的言辞，无论怎样动听和感人，但如果他一而再、再而三地唠叨个不停，似乎要一下子把人的耳朵灌满似的，再耐心的人也会心生厌烦。如果我们实在是有必要再一次批评孩子，也不应只是简单地重复，最好是换一个角度、换一种说法，这样，孩子才不会觉得同样的错误被父母“穷追不舍”，也才不至于感到厌烦。

方法二：学会尊重孩子，给他们一定自由

七八岁的孩子虽然年龄不大，但他们也是独立的个体，也希望得到父母的尊重。我们切不可把他们当做自己的私有财产，想怎样教训就怎样教训，想什么时候教训就什么时候教训。而应放下长辈的架子，与之平等相待，尊重他们的“人权”，给他们一定的自由，不要像苍蝇似的整天在他们耳边“嗡嗡”叫个不停。

八岁的芳芳很爱学习，成绩也不错，可不知为什么，近段时间却爱上了看课外书。每天放学回家的第一件事，就是拿出《儿童文艺》或者《故事会》看。其实，在拿起课外书时，芳芳心里也觉得很内疚，因为自己的作业还没做呢。于是，她决定看完一篇最吸引人的文章后就马上做作业。

正看到精彩之处，没想到妈妈却走了过来，看到芳芳正在看课外书，就有些生气地说：“别看这些没用的，快写作业吧！”芳芳赶紧心虚地回答：“好的，我看完这篇就写，十分钟就可以看完了。”“行，就再看十分钟吧！”但没到三分钟，妈妈又过来了，说：“看完了吗？还不赶紧写作业，是不是又要写到晚上十二点。”芳芳没答理妈妈，继续看书，不过心里有点烦。

看到芳芳没答理自己，妈妈只好到厨房择菜，一边择一边抱怨：“别人都是一回家就写作业，只有你一回家就拿着这些没用的书瞎看，结果弄得写作业没时间，这么看下去，学习怎么搞得好？”听着妈妈的唠叨，芳芳心里越来越烦，书也看不下去了，只好开始写作业。但写不了几个字，就想起了刚才那个还没有看完的故事，于是偷偷地翻开了那本书……结果，芳芳又挨了妈妈一顿说，结果那天的作业芳芳到晚上12点也没有写完。

芳芳到晚上12点还没有写完作业，其实与妈妈的唠叨也有很大的关系。刚开始，芳芳说好只看十分钟，然后就开始写作业，妈妈应该尊重一下孩子，就让她看十分钟，如果十分钟后，孩子还没开始做，再提醒也不迟。可是，妈妈的心太急了，不停地唠叨使孩子越来越厌烦，最后终于超出了孩子所能忍受的最大限度，使孩子产生了逆反心理。

方法三：突出重点，只说一遍

我们对孩子说事情的时候，一定要突出重点，挑选有分量的话讲一遍即可，不要对孩子反反复复地唠叨个没完，如果我们还不能确定孩子是否都已经记住我们所说的话，可以再给他解释一下其中的要点。要知道，在大多数时候，唠叨是不动听的，说得太多反而起不到好的效果。

梁启超小时候非常聪明，有一次，他跟父亲一起到朋友家做客，当时，朋友的院里有一棵杏树，开的花也很漂亮。于是，梁启超就偷偷地折了一枝，藏在袖筒内。没想到，他的这一举动正好被父亲发现了，这让父亲很是生气，可也不能当着众人的面骂他。

到了吃饭的时候，梁启超正要坐下。这时，父亲忽然心生一计，当着大家的面对儿子说："我现在出一上联，你若对得好，才能坐下来吃饭；否则，就只能站着吃。"各位客人也都想知道梁启超到底有多少文采，于是齐声应和。

梁启超望着爸爸，不知道爸爸要干什么，但也只能答应下来。父亲略微思索了一下，说道："我这个上联是：袖里笼花，小子暗藏春色。”小启超一听这上联，脸唰地红了，原来父亲发现了自己偷折杏花的行为，但为了不让他当众难堪，便用这上联来批评他。于是，小启超顿了顿，答道：“我的下联是：堂前悬镜，大人明察秋毫。”

对联一出，众人连连称赞。父亲见儿子知道自己错了，又对出这么好的下联，就没有再多说什么了，让他坐了下来。

在梁启超犯了错以后，父亲并没有在孩子面前唠唠叨叨个不停，而是利用对对联的机会郑重严肃地提醒了一下儿子，使梁启超认识到了自己的错误。如果当时父亲再当着众人的面，啰啰唆唆地教训一顿儿子，那结果是可想而知的。因此，当我们要嘱咐或提醒孩子做什么，就直接告诉孩子：“你听好了，这话妈妈只说一遍。”这样，可以让孩子在心理上重视起来，那么他们也就会集中注意力来听父母后面要说的话。我们也不用一而再、再而三地在他们面前唠唠叨叨了。

与父母对着干是典型的叛逆行为

君君妈妈发现：自从上了三年级，自己的宝贝儿子好像吃错了药似的，你喊他向东，他偏偏向西；你让他穿衣服，他就偏偏去叠被子；你让他吃饭，他却专心致志地看电视，对自己的话充耳不闻。为此，爸爸无奈地称君君是个“小倔驴”，没少冲君君吹胡子瞪眼。但是君君面对面色微愠的父母，仍然我行我素，毫不悔改。

结果，在“十一”长假中，爸爸终于忍无可忍地对君君施行了“家法”，本以为在“武力”威胁下，君君的行为会有所收敛，谁知道君君的“倔驴”行为非但没有好转，反而变本加厉。以前君君对爸爸妈妈的话多少还能照着做，现在君君“明目张胆”地跟爸爸妈妈对着干。爸爸妈妈越是不让他做的事情，他越是想方设法地去做。例如在早晨上学的路上，他故意挣脱妈妈的手，闯了红灯，当时真的把妈妈吓坏了。

面对君君的反常行为，爸爸妈妈实在没有办法了，只得向君君的班主任求救。班主任听了君君父母的描述后显得非常吃惊，她对君君父母说：“君君在学校是个很守纪律的孩子，对老师的话也都认真执行，完全没有异常表现。”

听了老师的话，君君父母更是疑惑了：为什么君君在学校能够听老师的话，做个遵守纪律的好学生，怎么一到家他就像变了一个人似了呢？

妈妈要懂的心理学：孩子与父母对着干是典型的叛逆表现，妈妈要耐心疏导

天真活泼是孩子的天性，但是正值“七岁八岁讨人嫌”阶段的孩子，除了天真活泼，似乎还夹杂着些许让家长无可奈何的“叛逆”。家长越是不允许的事情，孩子却偏偏要去“触雷”：让他穿鞋，他却穿衣；让他慢点儿走路，他却一路小跑……孩子似乎有意地挑战家长的忍耐极限，用反抗行为考验着家长的耐心，常常惹得家长怒火中烧，最后不得不用“武力”来捍卫自己在孩子心中的地位。实际上，步入小学阶段以后，随着知识的积累、心智的成熟，以及生活经验的增加，孩子对于事情已经有了自己独到的见解和想法。当父母的命令引起孩子的不满时，孩子就会出现情绪上的排斥，故意与父母作对，这是典型的敌视父母权威，以盲目反抗来发泄不满的表现。

当孩子出现故意和父母对着干的行为后，一味地打骂孩子是不能从根本上解决问题的。大多数和父母作对的孩子不会惧怕父母的暴力，相反地，也许会导致越打越皮，越打越不听话的后果。当这种情况出现后，家长再想走进孩子的世界就真的不容易了。暴力不是解决问题的最佳途径，处理这类情况，家长不妨参照“巴纳姆效应”解决难题。

巴纳姆效应又称暗示效应。其实，人在生活中无时无刻不受到他人的影响和暗示，借助外界信息来认识自己。而孩子恰恰是很容易受到暗示的群体。孩子与家长对着干体现了孩子的性格刚毅，而暗示效应正好起到“以柔克刚”的效果。让孩子在无形的影响下，“融化”他的反抗行为，自发地改变思想，从而真正地改正其作对的行为。

叛逆期方法指导：

方法一：迂回式地指引孩子

在巴纳姆效应中，情绪低落、渴望被理解的人是很容易被暗示的。当孩子出现故意和父母对着干的情况时，孩子的内心世界也是很挣扎的。所以，此时的家长应该试着理解孩子内心的困扰，用迂回的方式指引孩子，让孩子的内心放松警惕，平易地接受父母的建议，而不是采用“以毒攻毒”的专横方式解决问题。

虹虹盼望的暑假终于来了！在放学的路上她就幻想着每天早晨迎着太阳在公园里和好朋友小婉一起练习为国庆节编排的舞蹈，跳累了还可以在湖边写生，多美好的暑假呀！虹虹想到这些，心里真是高兴极了。

刚进家门，虹虹妈妈就拿过一堆补习班的简介，兴冲冲地问虹虹：“闺女，你这暑假可不能松懈啊，咱们得多报几个补习班了。”

“啊……”虹虹听了妈妈的话，心里有些不太愿意，她小心翼翼地问：“那我每天早晨能和小婉练习完舞蹈再去吗？我们都说好了的。”

“那可不行！这些补习班是从早晨七点半就开始了的。你哪儿有时间去练习舞蹈啊！先上补习班，其余的等寒假再说吧！”虹虹妈妈坚决地拒绝了虹虹的请求。这下虹虹可着急了，她急忙说：“这个舞蹈是要在‘十一’表演的！不能等到寒假再练习的！”“那也不行！和学习比，什么都得靠边儿站！我跟你说，补习班一天都不许落下，你必须得去！”

虹虹看着妈妈怒气冲冲的样子，心里委屈极了，眼泪也不自觉地流了下来。可是妈妈依然不理睬虹虹。

第二天，妈妈亲自送虹虹去补习班。可是回家的时候，妈妈和虹虹说什么她都装作听不见。妈妈喊她洗手吃饭，她就故意用小脏手拿馒头；早晨起来虹虹也不按时起床，补习班的课每天都会迟到。妈妈知道，虹虹是在跟自己赌气呢。她想：小孩子，使使性子也就过去了。可谁知道，虹虹的性子一直没使完，等开学时，虹虹还在故意和妈妈作对。这下，虹虹妈妈心里可后悔极了。

在虹虹的例子中，其实虹虹妈妈完全可以避免虹虹的反抗行为的。虹虹妈妈可以说："虹虹真是个多才多艺的好姑娘。学习上如果能够在暑假更上一层楼，那就太好了。你觉得用业余时间报个补习班怎么样？学习和舞蹈双优的虹虹，肯定会让老师和同学们大吃一惊的！"这样既没有强制性地阻拦虹虹跳舞，又能建议虹虹上补习班，试想一下，在这番话语描述下，虹虹又怎么会拒绝呢？

因此，在和孩子的交流中，家长也应该注意一下技巧，有时候直截了当不是达到目的的最佳途径，迂回式的暗示更容易让孩子接受。

方法二：感同身受，理解孩子的感受

在家庭教育中，父母常常容易犯的一个错误就是居高临下地命令孩子。孩子在思想和心智逐渐成长的过程中，也会形成自己的理解和判断。尽管这些判断会显得有些幼稚或不足，但是孩子还是强烈地渴望按照自己的意愿行事。

当家长命令孩子时，往往会因为孩子的不执行而恼怒，甚至给孩子扣上"犟驴""死拧"的帽子。这时，家长应该反省一下，是不是自己太过专横，没有考虑到孩子的感受，使得孩子没有感觉到自己是被爱、被理解的，这才引发了孩子的反抗行为？如果孩子在家庭中感受到的是轻松、和谐、民主的家庭氛围，那么孩子必定不会产生强烈的反抗情绪。因此，家长应该时常地从孩子的角度出发，这样才能理解孩子的真实感受，从而避免孩子出现反抗情绪。

方法三：信任——对孩子的最大肯定

孩子故意与父母对着干，也可能是因为父母对他不信任。孩子会想：既然你这么不相信我，我何必做得那么好呢？还是破罐子破摔吧。这样就会使得事情适得其反。反之，给予孩子充分的信任，就能有效帮助孩子改正错误，减少他的逆反行为。

牛牛妈妈怎么也没想到自己的儿子居然有了小偷小摸的习惯。刚开始，牛牛总是要零钱买零食，妈妈怕吃太多零食影响牛牛的健康就不给他零用钱了。后来，家里的零钱罐中的零钱总是莫名其妙地减少。牛牛妈妈还以为是他爸爸拿去买东西了。后来，牛牛爸爸也感觉奇怪的时候，他们才想到：会不会是牛牛拿的呢？

下午，妈妈故意把五元钱放到零钱罐旁边，偷偷地观察。果然，牛牛看了看周围，悄悄地把钱装进了口袋。当时牛牛爸爸可气坏了，他怒气冲冲地想要找牛牛"算账"。妈妈急忙拦住爸爸，故意很大声地问："咦？我刚刚放的五块钱怎么不见了？"爸爸一愣，会意地点点头说："不知道啊！不会是牛牛拿了吧？"妈妈坚定地说："不可能！牛牛不是那样的孩子！他不会不经过同意就随便拿家里的钱的，那是小偷才会干的事！牛牛绝对不会的！肯定是我把钱放在别的地方了，我再找找，你可不能冤枉牛牛呀！"

说完，爸爸妈妈就回了房间。等他们再出来的时候，零钱罐边上赫然放着五块钱。从那以后，牛牛再也没有私自拿家里的钱了。

对于孩子来说，还没有很准确地明辨是非的能力，他们的内心还很脆弱，一顿严厉的批评可能会伤害他们幼小的心灵。有时候，给予充分的信任是能够帮助孩子认识错误，改正错误的绝好办法。如果牛牛的爸爸发现牛牛偷拿零钱的行为后，打骂牛牛，那么他很有可能会故意和父母对着干，继续偷拿家里的钱，这反而会强化牛牛的错误行为。

孩子犯错并不可怕，可怕的是家长处理问题不当而引发的后果。每个孩子都是一个纯洁的化身，而信任孩子是父母对孩子的最大肯定。

孩子知错不认错是怕受惩罚

叛逆期案例

星期日，七岁的良良一个人在客厅里逗小猫玩，当他拿毛绒球投掷小猫时，一不小心毛绒球正好打翻了桌上的玻璃杯，只听见“当啷”一声，玻璃杯掉到了地上，摔得四分五裂。正在厨房里做饭的妈妈听到声音后，忙问良良是不是什么东西掉地上摔碎了。良良说没有。

当妈妈做完饭，出来一看，一眼就看见了地上摔碎的玻璃杯。而良良却像一个没事儿人一样，还在那里尽情地拍着皮球。妈妈看着良良干的“好事”，很生气地问：“这是不是你打碎的？”“不是的。”“妈妈不打你，你告诉妈妈，这是不是你打碎的？”良良还是不承认。

妈妈一把抓住良良的手，更加生气地说：“你今天不说实话，晚上就别想看电视了，给我做作业去。”良良一脸委屈的样子。僵持了几分钟以后，良良还是不开口，妈妈拿他没辙了，只好说：“以后玩的时候一定要小心，不能再打碎东西了，要不就不让你玩了！知道了吗？”

在妈妈的命令下，良良点了点头，才说了句，“嗯，知道了”。

妈妈要懂的心理学：孩子不敢认错很多时候是因为担心受到惩罚

像上面故事中这样的情景，我相信很多家庭都发生过，孩子做错事了，就是不肯认错，纵使我们气急败坏，孩子还是不肯吭声。很多时候，即便是在“案发现场”，指着那些被翻得乱七八糟、零落满地的东西问他：“这是你干的吗？”他们几乎都很难承认：“这是我干的！”

七八岁的孩子，因为年龄比较小，他们生理机能和心理发展还不成熟，常会做错事、说错话，这是难免的。如果在父母和老师的帮助下，他们能认识到自己的错误，并改正错误，这当然是我们希望看到的。可是有些孩子做了错事，却总是不肯认错，倔犟、执拗，令人生气。当然，我们也千万不要认为不肯认错的孩子就不是好孩子。孩子不认错，也是有原因的。

很多孩子不认错，是因为不敢认错，他们觉得认错会受到惩罚，害怕承担责任。由于有的父母教育方法简单、粗暴，孩子犯错后，不是呵斥就是打骂，常使孩子惊恐万状，无所适从，为了逃避惩罚，只好死不认错。有些父母虽然答应不会惩罚孩子，但在孩子认了错之后，却还是遭到了批评和责骂。孩子上过一次当以后，下次想要他再认错，就变得难上加难了。

七八岁的孩子，大多天生好动，常常把家中的东西当做玩具。如果有时候把某些重要的东西，如钱包、重要资料等，藏起来了或弄坏了，害得我们着急万分时，就会强制孩子认错。可孩子并不明白自己错哪里了，因为我们平时并没有对孩子说清楚，什么可以玩，什么不可以玩。这时，如果我们要孩子承认自己错了，他们是很难做到的。

当然，这与孩子的个性也有关系，有的孩子生性比较倔犟、执拗、任性、自以为是，做错了事不愿承认，怕认错后丢面子。古人说：“知耻近乎勇。”人错，并且改正，只有大勇气的人才做得到。因此，要让七八岁的孩子知错改错，不是一件容易的事。对于不小心犯了错误的孩子，我们应该耐心地对他们进行启发教育，给他们认错的勇气，千万不能采取简单、粗暴的方法进行处理，否则，既伤害了孩子的自尊心，又达不到教育的目的。

叛逆期方法指导

方法一：当孩子主动认错后，我们不要再惩罚孩子

七八岁的孩子，还是一个正在努力求得完善的发展中的人，他们在成长和发展的过程中，犯一点错误是正常的。我们在发现孩子犯了错误之后千万不可着急、气恼，更不可不问青红皂白就把孩子狠狠地训斥一顿。认错需要一定的勇气。孩子不敢认错，是因为害怕承担后果，我们应给孩子一种安全感，告诉孩子每个人都有犯错误的时候，只要勇敢承认了、改正了就是好孩子。如果我们动不动就对犯错的孩子训斥和指责，他们哪还敢认错呢?

美国的第一任总统乔治·华盛顿，小时候聪明好动，对什么事情都好奇。有一次，他为了试试自己的小斧头是否锋利，竟然把父亲心爱的一棵樱桃树砍倒了。父亲看着砍倒的樱桃树，非常生气，厉声问道："这是谁干的？"

华盛顿看到父亲暴怒的样子，心里非常害怕。但过了一会儿，他还是鼓起勇气来到父亲面前，低着头说："对不起，爸爸，这棵樱桃树是被我砍断的，我是想试一试自己的斧子是否锋利。"

父亲本想狠狠地惩罚一下儿子，但想了想说："你不怕我知道了是你干的，会打你吗？"

这时，华盛顿勇敢地抬起头说："但是，这的确是我做的，我应该认错。"

听了儿子的话，父亲的怒气一下子就消了，慈爱地对他说："非常高兴你对我讲了真话，我宁愿不要1000棵樱桃树，也不愿意你不承认错误。"

正是在这样的教育下，华盛顿养成了诚实的品质，并最终当上了美国的第一任总统。

试想一下，如果华盛顿在向父亲承认错误后，得到的不是父亲的谅解，而是一顿训斥和暴打，那他以后怎么还敢承认自己的错误。教育孩子，首先要尊重、信任孩子。即使孩子真的做错了，也不要立刻以父母的权威加以斥责和打骂，应该耐心地引导、启发，让他们自己意识到自身的错误并改正错误。

方法二：让孩子主动反省自己的错误

当我们发现了孩子的错误之后，有时候并不用急于纠正孩子的错误，对他们进行教育，可以将他们的错误置于一边，先让他们主动反省一下自己的错误，等时机成熟时，再对其进行教育。这样的教育方式，比直接指出其错误并让其改正，效果会更好。

列宁小时候是一个好孩子，但是也有犯错误的时候。一次，他和妈妈一起去姨妈家做客，因为与几个表兄弟玩得过于尽兴，竟然一不小心把桌上一个精致的玻璃杯给碰倒了，杯子"砰"的一声落在地上，摔碎了。妈妈和姨妈听到声音急忙赶来，问是谁打碎的。孩子们都齐声答道："不是我！"列宁迟疑了一下，也低着头跟着喊："不是我！"妈妈一眼就看明白了事情的真相，但是她并没有当面揭穿，她想让列宁自己先反省反省，然后能主动承认错误。

妈妈的沉默使列宁受尽了“折磨”，他好多次想跟妈妈承认错误，但是又没有足够的勇气。妈妈虽然知道儿子想承认自己的错误，但依然沉默着，她想让儿子主动“坦白”，跟自己认错。因为妈妈暗地里观察，发现列宁没有以前那样无忧无虑、爱说爱笑了，好像受着某种煎熬。她有时真有些不忍心，但为了让孩子认识到自己的错误，她就继续沉默着。每天有空闲时，她就有意识地给列宁讲诚实守信的美德故事。

终于有一天，列宁默默地来到了妈妈面前，流着眼泪跟妈妈说：“上次姨妈家里的那只玻璃杯是我打碎的，我骗了你和姨妈，妈妈，您会原谅我吗？”妈妈高兴地抚摸着列宁的头说：“孩子，只要你勇于承认自己错误，以后不再犯，妈妈怎么会不原谅你呢！”

列宁的妈妈是一位非常明智的妈妈，她利用沉默和有意引导，让列宁深刻地认识到了自己的错误，并最终勇敢地承认了自己的错误。一般孩子都会在父母的沉默中反省自己的错误，等他们考虑清楚后，会主动向我们承认错误，此时，孩子也更很容易接受我们的教育。

方法二：我们自己也要学会认错

由于父母在孩子面前是权威，因此，很多人在自己犯错的时候，如弄坏了孩子喜欢的玩具等，往往会为了自己的面子，不向孩子认错，由此导致孩子也学会了不认错。父母希望孩子怎么做，首先父母自己就得那么做。要想让孩子学会认错，父母就需要以身作则，平时注意自己的行为，犯了错误也要承认，为孩子树立良好的榜样。

西班牙著名神经组织学家卡哈，小时候非常调皮，也很聪明，他运用自己所学的知识造了一门“真”大炮，但遗憾的是，炮弹发射出去后，竟打伤了邻居家的孩子，闯下了大祸，而且还被罚款和拘留。当卡哈从拘留所出来后，身为外科医生的父亲，把卡哈狠狠地训斥了一顿，并让他停止了学业，去学修鞋子。

后来，父亲心里越来越觉得对孩子的处罚过于严厉，孩子犯了错是需要管教，但也不能因此而因噎废食。于是，一年以后，父亲把卡哈从修鞋铺给接了回来，搂着孩子深情地说：“爸爸做得不对，对你太严厉了，不该因为你闯了一次祸，就中断你的学业，爸爸向你道歉。从现在起，你就在留在我身边学习吧。”

从此，卡哈跟着父亲努力学习，最后终于成为了著名的神经组织学家，并荣获了诺贝尔奖。

当孩子“闯祸”后，有一些父母由于一时的感情冲动，往往会对孩子进行不恰当的批评或惩罚。事后，父母又往往会后悔。这时，我们如果能诚恳地向孩子说声“对不起”，一定会赢得孩子无限的尊重。相信孩子以后在做错事情以后，他们也会采取同样的态度来对待自己的错误。

孩子与父母顶嘴要一分为二地看

叛逆期案例

秋秋今年七岁多，正处于叛逆的阶段。自从她进入这个阶段后，经常跟爸爸妈妈顶嘴，尤其是跟妈妈，两个人的“战争”就没有停过火。

一个周末下午，妈妈跟女儿商量：“秋秋，反正你的作业写完了，在家里也没什么事情做，不如陪妈妈去买件衣服吧？”秋秋立刻反对道：“我才不去和你买衣服呢。”妈妈一愣，问她：“为什么？”秋秋两手一插腰，说道：“有两个理由。第一个，妈妈，你的衣服已经不少了，我不是经常看见你拿衣服送人嘛。第二个，你每次买衣服都要一两个小时，跟着你太累了。”

听完女儿的“两个理由”，妈妈只好说：“那不买就不买吧，我们俩一起出去散散步总可以吧！”妈妈的这个提议，秋秋倒是赞成。于是娘儿俩就一起出去，到附近的公园转了转，回家的途中，路过一家两元擦鞋店，妈妈说进去擦擦鞋吧，正好可以借此歇一会儿。

没想到女儿又将了妈妈一军：“你和爸爸不是经常说，我们家买房子借了很多钱，以后大家都要节约吗？两元钱就不是钱吗？”这句话本来是妈妈用来教育女儿的，现在反而被女儿教育了一番。弄得妈妈真是又好气，又没辙。

妈妈要懂的心理学：孩子爱顶嘴是自己有主见的表现，并非一无是处

孩子在一天天地长大。等到了七八岁时，小家伙突然不听从我们的号令，居然鼓着嘴巴和我们顶嘴了。相信这几乎是所有父母在孩子成长过程中必然遇到的问题。据统计，爱顶嘴的孩子约占70%，其实这是孩子成长过程中的一种正常现象。当然，对此我们也不能放任自流，要根据具体情况选择最好的处理方法。

孩子爱顶嘴，是自己有主见的表现。孩子长到七八岁时，其独立意识越来越强，对事物也有了自己的见解。他们不再愿意处处受人压制，不再满足于模仿成人，而是要求独立思考，独立行动。这时，如果父母对孩子给予过多的干涉和照顾，就会使他们特别反感，极易对父母产生“逆反心理”。其突出表现就是不听指挥，自行其事，当他们认为事情不对或不合理时，就会选择用顶嘴的方式来反对父母的言行。

如果我们教育孩子时，只规范孩子的言行，自己不去遵守，他们就会因为大人使用了双重标准而表示强烈不满，甚至出现顶嘴的行为。比如，我们教导孩子不要挑食，而自己却从不吃胡萝卜，那么我们在要求孩子多吃胡萝卜时，他们很可能就会说：“你说不要挑食，你为什么自己不吃胡萝卜？”就像故事中的秋秋，她之所以会跟妈妈顶嘴，很多时候就是因为妈妈言行不一。

邓颖超曾说：“母亲的心总是仁慈的，但是仁慈的心要用得好，如果用不好的话，结果就会适得其反。”父母如果平时对孩子过分宠爱，则会使孩子对长辈有恃无恐，导致孩子一切以自我为中心，当他们认为父母的言行与平时的溺爱有所不同时，就会产生顶撞行为了。

随着孩子年龄的增长，他们会不断地接触到更多的新鲜事物，如果我们的教育方式还是一成不变，不与时俱进，就无法适应日益接触新事物的孩子。那么，我们的教育理念自然会被孩子拒绝，他们顶嘴的现象也就无法避免了。

七八岁的孩子爱顶嘴是一种正常现象，我们不可一味地与其针锋相对或者威胁恐吓，也不可一味迁就，应冷静地分析原因，找出合理的解决之道。

叛逆期方法指导

方法一：不要轻易责备孩子

孩子在顶嘴时，很多父母常常不讲方式、不分场合地批评孩子。而且有些批评还十分尖锐，但却并不完全正确，这很容易伤害孩子的自尊心。有的父母面对孩子的顶嘴，甚至还大发雷霆，非打即骂，觉得不把孩子的这股“邪劲”压下去，孩子就有可能变坏。强迫压制，虽然可以暂时消除孩子的表面反抗，但他们常常都是口服心不服。渐渐地，就会引起孩子内心的愤恨、埋怨，甚至记仇，最终关上心灵深处那扇与父母交流的大门。

因此，当孩子与我们顶嘴时，我们一定要保持冷静，耐心引导，不摆父母的架子，帮助孩子正确表达自己的意愿。要告诉孩子，顶嘴是解决不了任何问题的，反而会使事情越来越糟。即使不得不批评孩子，也要先弄清楚缘由，批评时，还要注意语气、场合和方式，要循循善诱，使他心甘情愿地接受批评。

方法二：给孩子一个申辩的机会

当孩子犯了一个小错时，很多父母总是仅凭自己的主观臆断，对孩子的行为做出一些不中肯的评价和指责，而且还不给孩子辩解的机会。所谓“真理面前，人人平等”，我们没有理由堵住孩子的嘴巴，不给孩子辩解的机会。这样做，不但不能使孩子心服口服，还会使孩子滋生一种抵触情绪。因此，对于顶嘴的孩子，我们一定要给予申辩的机会。这可以使孩子感到，无论自己要做什么，只有“有理”才能站稳脚跟，这对于发展孩子的良好个性非常有利。

八岁的扬扬很懂事，暑假住在乡下的外婆来了以后，他担心外婆会觉得没意思，于是买了几只活蹦乱跳的小鸭子，给外婆解闷。这可把外婆给高兴坏了，她乐呵呵地说：“扬扬真懂事，这下我可真就不闷了！”

晚上，扬扬妈妈下班回家，一进门就看到满屋的小鸭子在房间里乱窜。看到家里乱七八糟的样子，妈妈顿时心烦意乱，张口就训斥扬扬：“你没事不学习，玩这些干吗？看你把家里弄得乱糟糟的，成什么样子？”

扬扬看到妈妈什么都不问，张嘴就骂自己，心里也来了气，于是顶撞道：“你怎么也不问问我是为什么，什么都没弄清楚就骂我。”看到孩子居然还敢顶嘴，妈妈心里更生气了，不由分说地呵斥道：“住口！把家里弄得乱七八糟，还能有什么原因，把这些东西都给我扔出去！”

这时，听到骂声的外婆从里屋走了出来，忙跟妈妈解释说：“你不要骂扬扬了，他是怕我在家寂寞，就买了几只小鸭子陪我解闷。孩子是好心，你要是不喜欢，应该跟孩子好好说，把小鸭子送给别人就行了，骂孩子干什么？”

听到外婆的解释，妈妈明白了原因，顿时后悔了。

给孩子申辩的权利，是尊重孩子的最起码的表现。我们应该明白，申辩并非强词夺理，而是让孩子把事情讲清楚，讲明白。只有当孩子清楚表达自己的意见之后，我们才能因势利导，从根本上了解孩子的内心。如果孩子说得有道理，我们也不要端着父母的架子，不愿意让步。如果我们强硬地把孩子的话堵回去，而不是去疏导，那么随着孩子越来越大，顶嘴现象将会更加严重。

方法三：减少对孩子溺爱的举动

如果孩子是因为家长的溺爱，而养成了顶嘴的习惯，我们只能从治根开始。只有把溺爱孩子的氛围消除掉，他们顶嘴的现象才能减少。

首先，一定要牢记：不要无原则地满足孩子的需求。要试着“狠”下心，一旦孩子提出不合理的要求，我们不可心软，要坚决给予拒绝。并对其不当行为进行责罚，让孩子和父母都形成“奖惩分明”的习惯。

其次，要让孩子学会对自己的事情负责，适当分配给孩子一些力所能及的事情。比如自己整理房间，自己洗袜子，自己完成作业。如果孩子遇到了困难，我们只需在语言上进行指导就够了，不要因为心疼而包办代替。

最后，父母双方要统一思想，如果孩子出现明显不讲道理的顶嘴胡闹，父母都不要理他，要一起孤立他，让他自己承受后果。如果他变得讲道理和听话时，就及时给予鼓励和赞扬，以强化他的转变。

方法四：自己要为孩子做个好榜样

“孩子是父母的影子。”正如心理学家所说：“一个没有办法有效地让孩子停止顶嘴的家长，往往其自我的控制能力也较差。”如果我们自己经常跟人顶嘴，那管教孩子的难度是可想而知的。

如果我们希望在与孩子的“较量”中取得主动权，并很好地解决问题，首先要做到的就是不要冲动。在平时的生活与工作中，我们也要做到不急不躁、处事平和、尊重长辈，这样，孩子自然就会听从我们的教导，不再顶嘴了。

和父母讲条件说明孩子思维独立

叛逆期案例

云云今年上小学一年级，是一个聪明的小男孩，不过有一点令爸爸妈妈很是苦恼，就是云云现在不管做什么事总是要跟他们讲条件，他们经常被儿子爱“讨价还价”弄得没有办法。

为了让云云积极学琴，妈妈曾与他达成协议，只要他每天认真练完一个小时琴，就答应他一个条件，刚开始效果还不错。但几个月以后，云云做什么都要讲条件，就连写作业也不放过。妈妈叫云云过来吃饭，云云马上会说：“如果你让我看动画片我就吃，不让我看就不吃。”爸爸让云云上床睡觉，云云立刻会提出条件：“你得先给我讲两个故事，不讲我就不睡。”稍不答应，小家伙就说，“你们都是小气鬼，”跟他解释又不听，真是让人哭笑不得，

为了改掉云云的这个坏毛病，妈妈曾试着不接受儿子的条件，可最后都因为儿子的哭闹没有成功。

妈妈要懂的心理学：“讲条件”是孩子思维开始逐步走向成熟的标志

像云云这种总是跟父母“讨价还价”的孩子，在生活中非常常见。七八岁的孩子，其独立思维能力、自我权利意识以及对他人的心理猜测能力都大大提高，讲条件实际上是他们的思维逐步走向成熟的一个标志，也是他们动脑子想办法争取权利的表现。他们不仅能意识到，自己和父母一样有权提出要求，而且还不断地猜测着父母的心理，跟父母“斗智斗勇”。

孩子养成做事之前讲条件的习惯，与平时父母的教育方式也有很大的关系。有些父母为了让孩子做某些事情，喜欢提出一些引诱条件。比如，为了让孩子好好练习书法，会跟他们说：“只要你今天好好练习书法，周末我就带你去坐过山车。”为了让孩子好好学习，会跟他们说：“下次考试如果每一科都在95分以上，就给你买电脑。”这实际上就是在跟孩子讲条件，久而久之，他们也就养成了这种习惯。

一旦孩子习惯于“讲条件”，会带来很多不利的影响。这会让孩子在任何事情上都做交易，看不到好处就不做，如此下去，孩子便不会主动去学习新事物，也不会有探索精神，他在以后的生活中也会丧失很多主动权。孩子习惯了“讲条件”，也会使父母的权威受到挑战，比如，在任何一件小事上都要和孩子谈很长时间，那么你还有威信可言吗？没有了父母的威信，我们如何能教育好孩子？

孩子习惯于“讲条件”，虽然有许多不利的影响，但这也说明孩子已经具有了一定的自主意识，所以“讲条件”未必就是一件坏事。当然，我们既不能一味禁止，也不要过于迁就，而应该循循善诱，耐心地教育孩子要通情达理。

叛逆期方法指导

方法一：从一开始就不讲条件

1927年，鲁迅曾在《无声的中国》一文中写道："中国人的性情总是喜欢调和、折中的，譬如你说，这屋子太暗，说在这里开一个天窗，大家一定是不允许的，但如果你主张拆掉屋顶，他们就会来调和，愿意开天窗了。"这种先提出很大很多的要求，接着提出较小较少的要求，在心理学上被称为"拆屋效应"。比如，有的孩子犯了错误以后，因为担心父母责罚，于是就离家出走，父母很是着急，到处寻找，但过了几天孩子安全回来后，父母反倒不再过多地去追究孩子原来的错误了。

实际上，在这里离家出走就相当于"拆屋"，犯错误就相当于"开天窗"，孩子用的就是拆屋效应。因此，父母在教育孩子的过程中，方法一定要恰当，能被孩子所接受，同时，对孩子的不合理要求绝不能迁就，从一开始就要避免与孩子讲条件。

许多父母在孩子不肯吃饭时，总是习惯说"不吃完饭就不许看电视"，这其实对孩子会有很大的影响，因为他们会效仿父母，动不动就讲条件。也有些父母在孩子不愿意做某件事时，常说"你不听我的话，我也不满足你的要求"，这样，不仅容易让父母失去尊严，甚至还会诱发孩子的报复心理。其实，从一开始就什么条件都不讲，该提出要求时直接提出，并督促执行就是了。这样做，孩子就不可能学会跟我们讲条件。

方法二：让孩子承受讲条件的后果

孩子跟我们讲条件时，有时候我们并不用对他们大吼大叫，也不用苦口婆心地和他们讲道理。只要让他们尝尝自酿的苦酒，可能会更有效果。

慧慧是个漂亮的小女孩，今年七岁了，特别爱美，每次出去都要自己挑衣服。一个星期六，妈妈要带她去外婆家，给外婆过生日，正好慧慧刚看到电视里的小女孩穿的裙子特别好看，于是她也非要穿裙子不可。但那天天气很冷，穿裙子是不适合的。妈妈耐心地劝说了半天，慧慧却怎么也听不进去，反正是不给穿裙子，就不去外婆家。妈妈想了想，于是给她穿上了裙子。

两人走到半路，慧慧就开始嚷嚷："妈妈，我好冷。"妈妈说："你刚才不是非要穿裙子吗？不让穿还不去外婆家，跟妈妈讲条件。"慧慧低着头说："妈妈是我错了，以后穿衣服都听你的。"妈妈问道："真的以后穿衣服都听我的，不跟妈妈讲条件了？""是的。"慧慧哆哆嗦嗦地答道。

看到女儿这个样子，妈妈赶紧从包里拿出了女儿的长衣长裤，给她套了上去。妈妈早就知道女儿在路上会叫冷的，于是偷偷把女儿的衣服给塞进了包里。

从那以后，慧慧再也没有因为穿衣服和妈妈讲条件了，妈妈说穿什么就穿什么。

慧慧因为要穿裙子而跟妈妈讲条件，于是妈妈便将计就计，让女儿体验一下冷的感觉，让她承受一下跟妈妈讲条件的后果。结果，慧慧在"品尝"后果后，再也不敢因为穿衣服的问题和妈妈讲条件了。其实，在其他的方面也是一样的道理。

比如，孩子上学前，我们要给孩子带上水，但他非要带饮料，否则就不带，那么不带就不带吧，让他渴上一天，第二天孩子就不会再跟你讲条件了，说不让带饮料，他也接受带水了，因为不带又要挨渴了。

又如，我们让孩子吃饭，他非要边看电视边吃饭，那么就不用管他，当我们吃完饭以后，就马上收拾好碗筷，当孩子饿了，过来问我们要饭吃时，不管孩子如何缠着、哭着，都不要理他，让他体验饿肚子的滋味，这样，下次叫他吃饭的时候，他就不会跟我们讲条件了。

方法三：尽量对孩子进行精神鼓励

其实，孩子想通过讲条件获得的“好处”，基本上都与物质有关。如果我们养成了以物质条件来换取孩子“行动”的习惯，不让孩子跟我们讨价还价也难。

森森还在上幼儿园的时候，只要得了大红花，妈妈就会奖励他一个玩具。上小学后，森森只要哪一次考得好，妈妈也会给他买个奖品，比如新书包、四驱玩具车等。每次考试前做奖励约定，逐渐成了母子两人的习惯。

但令妈妈没有想到的是，孩子的胃口越来越大，今年才刚上三年级的儿子，最近竟然开始要手机、电脑……对于这些过分的要求，妈妈自然拒绝了儿子，但妈妈也很快发现，只要没有满足儿子提出的要求，他的学习积极性马上就会下降，考试成绩也变得“阴晴不定”。这让妈妈开始后悔以前给予孩子太多的物质奖励了。

很多父母望子成龙心切，只要孩子成绩好，就无限制地满足其要求，甚至主动用物质奖励做“饵”，刺激孩子好好学习。长期的物质刺激，会使孩子产生一种错觉，认为学习就是为了奖励，这会导致孩子以后做任何事都跟我们讲条件，要奖励。

因此，对于孩子的激励，我们要多用精神鼓励，比如，当孩子很好地完成一件事时，可以给孩子一个满意的微笑，一个赏识的眼神；取得进步时，可以抱一抱，贴贴脸，摸一摸，孩子会当成无比的殊荣。

方法四：给孩子制定一定的规则

平时要给孩子制定一定的规则，逐渐让孩子明白哪些事情是必须做的，应该怎样做。大多数孩子的讨价还价都是试探性的，只要我们能坚持原则，对于不合理的要求坚决拒绝，大多数孩子是可以改掉这个毛病的。当然，我们在拒绝孩子的条件时，要耐心向孩子解释拒绝的理由，让孩子明白“不行”的道理。

另外，如果我们希望孩子做某事，不妨把要求隐藏起来，这样孩子就不会讨价还价了。比如，在上学的路上，希望孩子快点走，我们可以换个角度跟孩子讲：“要迟到了，同学们要笑话你了。”希望孩子把碗里的饭吃完，我们可以说：“饭吃不完，你可以放在那里，不过饿了没有其他东西吃。”当孩子顺着我们的暗示，认识到后果会不妙时，一般会主动服从我们暗示的要求，不再跟我们讲条件。

孩子受不了批评不全怪孩子

叛逆案例

阿雯妈妈为了宝贝女儿的事情可真是没少操心。阿雯从小就是个听话的小姑娘，妈妈像对待小公主似的宠爱着她。可是不知道从什么时候开始，乖巧听话的阿雯就像只好斗的小公鸡似的，只要不顺着她的意愿，她就乱发脾气，倘若妈妈语气稍重指正她的行为，阿雯就会大哭大闹地不肯罢休。刚开始，妈妈看着阿雯眼泪婆娑的小脸儿，心疼不已，忍不住地“败下阵”来，说很多好听的话来安慰阿雯。阿雯妈妈想，也许等阿雯大一些了，她就会懂事了。

可谁知，随着时间的推移，阿雯不但没有变得“懂事”，反而更加变本加厉。阿雯妈妈只要不顺着阿雯的意思，她就又哭又闹，不达目的绝不罢休。有一次，阿雯妈妈下了狠心，面对阿雯的无理取闹没有妥协，任由着她哭闹，结果阿雯哭了很长时间，嗓子都哑了。

从这以后，阿雯妈妈再也不敢逆着阿雯的意思了，这下阿雯成了家里真正的公主了。可是，有一天早晨，阿雯说什么也不去学校了。阿雯妈妈只得去学校了解情况：由于阿雯个性太过专横，使得她无法融入同学当中，遭到同学的排斥。所以她才不想上学的。这下阿雯妈妈可犯难了：在家里，阿雯可以像公主一样被宠爱，可是在班里谁来让着刁蛮的女儿呢？

妈妈要懂的心理学——批评孩子，要避免“飞去来器效应”

用“人小鬼大”来形容小孩子是再贴切不过的了。大人们在潜意识中总是对儿童的世界持有轻视的心理，认为孩子的知识面太窄，不了解世界。所以，家长也一直在不自觉地充当着孩子指挥官的角色，以告诉孩子是非对错为手段，指挥着孩子的思想和行为。殊不知，这种命令式的“指教”并非教育，真正的教育是以平等和尊重为前提的。虽然阿雯的表现比较过激，但是不难看出，阿雯是个很有主见的孩子，因此才会对妈妈的意见采取“顽抗”到底的方式。

说服，是一种有难度的沟通方式，即便对象是小孩子也是一样的。在人际关系社会心理学中有一种“飞去来器效应”，即：被说服者在反对说服者时，总是采用心灵“盾牌”来抵抗，从而使得说服者无功而返。事实上，说服应该是通过直接接触和交换意见等方式，使得双方得到情感、思维的交流。这表明：即便说服对象是孩子，即便是再正确的说教，也要让孩子有回馈信息、发表意见的权利。让孩子有机会表达自己的意愿，而不是单纯地做一个执行者或者被说服者。

阿雯的问题在于固执己见，而阿雯妈妈偏偏忽略了阿雯的性格特点，在尝试改变问题的同时，没有挖掘到阿雯的真正意愿所在，双方因缺少适时地沟通，从而强化了阿雯的固执行为。其实，孩子在七岁以后，自我意识愈发强烈，因此常有任性、专横、固执的行为出现，家长应该及时地发现孩子的思维变化，不要命令孩子或者把思想强加给孩子。只要进行适当的沟通和引导，让孩子切实地了解父母的想法，就会避免类似逆反行为的出现。

叛逆期方法指导：

方法一：给孩子解释和说话的机会

很多家长在批评孩子时，往往不给孩子任何解释的机会，往往以一种居高临下的姿态和专制的角色出现在孩子面前，以这种方式批评孩子难怪会激起孩子强烈的逆反心理。

小磊读小学二年级，平时很调皮，还经常丢三落四，因此少不了挨妈妈训。但他似乎并不介意妈妈的批评，谁让自己调皮呢？可是，最近一次挨妈妈批评时他却受不了了，禁不住与妈妈顶了嘴。那是期中考试前的一个晚上，妈妈检查他的功课复习情况，却发现他的数学还有一大堆习题没有做。妈妈当时就火了，不由分说痛骂了他一通，骂他“就知道玩，不知道学习……”尽管他大声争辩说自己没有玩，但妈妈并不听他的解释，还说做不完习题就不让他睡觉，并且坐在他旁边监督着他做习题。小磊很气愤，因为他当时根本就没有玩，而是做英语练习了。尽管感到很冤枉，但他还是按照妈妈的要求复习到很晚，可是一肚子的怨气无处发泄，他感到很委屈。

家长不听孩子的解释，只知道盲目地批评，有时候会冤枉孩子，而这种冤枉是激起孩子强烈反抗的主要原因之一。所以，无论什么时候，家长在批评孩子时一定要给予孩子解释的机会，也给自己弄清事实真相、帮助孩子改正错误争取一个机会。

方法二：批评要注意措辞严谨，态度委婉

有些家长一发现孩子犯了错误，就不分青红皂白，急风骤雨似地骂孩子一通，甚至不惜用上一些过激的言语。孩子虽然是孩子，但他们也是一个独立的人，也有自己的人格尊严，如果家长言辞激烈，不注意维护孩子的自尊，势必会引起孩子的反感或强烈反对。这种情况下，孩子出现逆反行为就不足为奇了。当然，如果采用一种比较委婉的批评方式，那么效果自然会大不一样。

我国著名教育家陶行知先生曾这样教育过犯错误的学生，我们具体来看一下。

有一次，一个男生用泥块砸自己班上的另一个男生，时任校长的陶行知发现后，制止了这名男生，并命令他放学后到校长室去。放学后，陶行知来到校长室，却发现那名男生早已等着挨训了。可是陶行知并没有批评这名男生，而是笑着掏出一颗糖果送给他，说："这颗糖果是奖给你的，因为你按时来到这里，而我却迟到了。"男生惊疑地接过糖果。随后陶行知又掏出第二颗糖果放到他的手里，说："这是奖励你的第二颗糖果，因为我不让你打人时，你马上住手了，这说明你很尊重我，我也应该奖励你。"男生更惊疑了，不知如何是好。这时陶行知又掏出第三颗糖果塞到男生手里，说："我调查过了，你用泥块砸那男生，是因为他欺负女生；你砸他说明你很正直、善良，且有跟坏人作斗争的勇气，这更应该奖励你啊！"男生听到这里，感动极了，他泪流满面地喊道："陶校长，我错了，我砸的不是坏人，而是自己的同学……"陶行知听到这话满意地笑了，他随即掏出第四颗糖果说："为你正确地认识自己的错误，我再奖给你一块糖果。现在，我的糖果没了，我们的谈话也该结束了。"

对于七八岁孩子犯错误的情况，怎么去批评，教育家陶行知先生为我们做出了优秀的榜样。这一阶段的孩子正处于人生的第二个叛逆期，他们做事既有自己独立的想法，又无法完全理解大人们的苦衷，如果家长能够采用一些委婉的方式批评孩子，那么不仅不会激起孩子的反抗，还一定能起到春风化雨的效果。

方法三：让孩子学会认真倾听

孩子受不了批评在很多情况下，还是因为他听不进去家长的话，或者根本不想听，这也是孩子七八岁叛逆期的基本表现之一。针对这种情况要事先告诉孩子：不论你的批评有多么尖锐、多不中听，都应该要求孩子认真倾听，要让孩子相信你是为他好。因为只有他认真倾听，才会发现你那些批评的话语确实有几分道理，真的是为了他好，这样他才能虚心接受。当然，还应当让孩子明白这样一个道理：认真倾听他人的意见或批评，不仅是一种文明礼貌的表现，而且也是完善自我的必要方法。

第六章

循循善诱，让孩子健康完成社会化

打架是孩子间的正常现象

叛逆期案例

可可是个七岁的小男孩，特别喜欢和小朋友一起玩，但是脾气比较大，经常跟其他的小朋友打架，抢别人的东西。妈妈有时候生气也打过他，不过没有起到什么作用。

一次，一些小朋友在公园里一起玩耍时，有一个小朋友因为不小心把可可碰了一个跟头，可可站起来伸手便打了那个小朋友一巴掌。没想到那个小朋友也不是个吃素的，反过来也推了可可一把，结果两个人就扭打在一起了。可可妈一见这阵势，赶紧跑过去把两人给扯开了。

还有一次，可可看到一个小女孩手里拿着一个很漂亮的玩具，非常可爱。于是他走过去，伸手想要，可是小女孩怎么也不给他，可可急了，一把就把玩具给拽了过来，还伸手打了那个小女孩一巴掌。小女孩的妈妈看到自己的女儿被欺侮，非常心疼，差点儿就打了可可。

孩子在一起，不可能不打架，但是可可这么爱打架，妈妈也实在是想不出更好的解决办法。为了让可可不打架，妈妈整天给他讲道理，告诉他打人不好，不要打架，要和小朋友好好玩。他当时答应得挺好的，但一玩起来就抛到九霄云外了。为了避免可可出去和人打架，可可妈妈只能寸步不离地看着儿子，一发现儿子有打架的苗头，就赶紧跑过去拉开。

妈妈要懂的心理学：孩子之间的争斗是他们成长过程中的一堂人际交往课

孩子在成长的过程中，总少不了与其他孩子的接触与碰撞，也难免会有一些冲突，因此打闹的事情时有发生。每当看到孩子拉拉扯扯，甚至大动拳脚的时候，父母总会特别紧张，也往往不知该如何管教孩子。教训自己的孩子吧，会觉得委屈了孩子，尤其是自己孩子受到欺负的时候；教训别人家的孩子吧，又担心会娇纵了自己的孩子，弄不好还会使孩子间的矛盾升级为家长间的矛盾。

其实，孩子之间的争斗是一种很常见的现象，这是他们成长过程中的一堂人际交往课，所以，父母应理智地看待孩子打架的问题。

七八岁的孩子，年龄比较小，缺少应有的社交技巧，还不知道如何与同伴相处，不懂得分享与合作，所以在与小朋友交往过程中发生分歧时，他们还不懂得用恰当的方式表达自己的意见，因而选择了打架的方式。当然，也有一些孩子是想利用拳头树立自己在同伴中的权威。

父母对孩子过于宠爱，也是导致他们爱大动拳脚的一个重要因素。孩子在家里当惯了小皇帝、小公主，过惯了饭来张口、衣来伸手的生活，习惯了爸爸妈妈围着他们转。因此在与小朋友玩耍时，受了一点点委屈就可能动手打架。

另外，七八岁的孩子模仿力较强，好奇心也较强。有少数父母本身举止不文明，双方爱吵架，甚至打架，久而久之孩子就开始模仿父母。如果他们在平时看多了攻击性强的电视，如警匪片、《奥特曼》等，他们也会模仿警察、奥特曼等把其他小朋友当做怪兽、匪徒打。

小孩子打架，从本质上而言，与小动物之间的打闹没有什么区别，是孩子交往中不可避免的现象，而且打架未必不是一件好事。孩子在打打闹闹中，可以学会以适当的方式与人相处，逐步完善处理、协调人际关系的能力，同时也锻炼了意志和坚强的性格。日本教育学博士高野清纯认为“打架能培养孩子的自尊心”。因此，我们应理智地看待孩子爱打架的问题，积极引导，帮助孩子正确处理问题。

叛逆期方法指导

方法一：教给孩子适当的社交技巧

菲律宾大学儿童心理学家马·劳迪斯·卡兰丹认为：“一个社交能力低下的孩子比没有进过大学的孩子具有更大的缺陷。”维持良好的人际交往是孩子健康成长的基本条件，因此父母平时要教给孩子一些适当的社交技巧，鼓励他们运用这些技巧去解决自己的争端，而不是用打架的方式解决。

父母要鼓励孩子和其他的孩子交朋友。有些孩子放学后，不愿意回家，而是喜欢与其他小朋友一起玩，这时，我们要允许孩子们一起玩会儿。虽然小孩子在一起玩的时候会出现争斗的场面，但只要不出现什么危险，我们尽量不要出面，让他们自己解决，经过这样的交往，孩子会逐渐学会处理各种争执。

另外，当孩子挨打后，我们千万不要教孩子以牙还牙，比如对孩子说：“他打你，你也打他！”这样做，会让孩子认为这样的处理方法是最正确的，很可能会使孩子更加具有攻击性。孩子挨了某个小朋友的打后，也不要教孩子不和打人的那个孩子玩，这样做只会让孩子变得更懦弱。因为在发生争执的过程中，孩子也是在经历、在尝试、在体验，他们会通过这些逐渐学会处理各种争端，从而变得成熟起来。

方法二：教会孩子保持冷静，学会理智处事

在日常生活中，要教导孩子与小朋友友好和睦相处，即便与小朋友发生争执时，也不要有不友好的举止或者行为，告诉他们很多事情是不必通过打架来解决的。在对方情绪激动的时候，一定要保持冷静，不妨让一步，这样可以避开矛盾的锋芒，更利于大家友好相处。

有一位三十多岁的女士，事业成功，家庭也很幸福。一天，她开车去一个商场购物，把车停在了路边。购完物出来后，她发现有辆车停的位置正好挡住了她的车。于是她便去找保安，因为保安正处理其他的事，来得晚了些，她很是不耐烦，不顾保安的解释，对着保安大骂。争执过程中，她变得越来越愤怒，赌气强行开车要走，但保安趴到她的前挡风玻璃上不让她走。她更加怒火冲天，于是猛地发动车，想强行把保安甩下去。但没想到，一对刚走出商场的母子被碾在了她的车轮下。最后造成两死一伤，她不仅被判入狱，还要赔偿经济损失一百多万元。

可见，冲动就是魔鬼。一个小情绪的失控，最终酿成了大祸。因此，我们做家长的，一定要从小培养孩子养成凡事要冷静、理智的习惯。比如，孩子和别的小朋友打架了，不妨教育孩子，在愤怒的时候一定保持冷静，要控制自己别把受到伤害的第一反应——还击表现出来。如果有小朋友惹孩子生了气，要让孩子想一想，那个小朋友为什么会这样做？给孩子冷静思考的时间。然后，再教他正确地对待这个事情，而不是靠打架来解决。

我们还要引导孩子去思考打架的后果。打别人，至少自己的手也会疼的。还可以告诉孩子，如果你长大以后想当一名宇航员，却因为小时候不冷静，总是跟别人打架，伤害了自己身体，导致将来体检不合格，就当不了宇航员了，这是不是很可惜呢？只要耐心地跟孩子讲解，他们自然会明白这个道理。

方法三：有矛盾，让孩子自己解决

当孩子们发生争执或打架的时候，我们不应感情用事，过早地去干预。孩子之间的矛盾，要让他们自己解决，我们只要给予必要的指导就可以了，尽量不要插手。

笛笛和萧萧今年都满七岁了，同上小学一年级，两个人都很调皮，经常打打闹闹。一天，公园里突然从滑梯上传来吵闹声，笛笛和萧萧闹别扭了。

“我先滑！”笛笛大声喊道。

“我先滑！”萧萧也不甘示弱。

两个人嘴里一边嚷着，一边还推来推去。只见笛笛一把将萧萧推到了一边，自己先滑了下去。萧萧当然也不甘示弱，紧跟着滑了下来，在笛笛还没有站起来之前，撞了上去。这一撞差点把笛笛撞了一个跟头，笛笛转过身过来就冲向了萧萧。很快，两个人就扭打在一起了。

笛笛的妈妈看到自己的孩子被人欺负，冲过去一把拉开了萧萧，恶狠狠地说：“你撞倒了别人不说，还要打人，怎么这样没教养！”

萧萧的妈妈突然看见自己的孩子正被一个大人数落，赶紧就跑过去冲笛笛的妈妈嚷嚷：“你一个大人，冲小孩子嚷什么呀？”

“我嚷什么？你没看见是你的孩子在打人吗？”

“那又怎么样？不就是小孩子打打架吗？没素质！”

妈妈的吵闹对决，把两个孩子吓得呆呆地站在一边，不知怎么办才好。幸好旁边有人劝阻，才将事情平息下来。当两个妈妈还在生闷气的时候，笛笛和萧萧却早已重新爬上滑梯，高兴地一起玩起来了。

有的父母看到自己孩子被别人打了，就去找打人的孩子，帮孩子出气，这样做，不仅起不到教育孩子的效果，反而会加剧孩子打架的习惯，因为他知道，自己打输了，有爸爸妈妈为自己出头。其实，孩子在很多时候要比我们想象中的更懂道理，只要告诉他们“好东西应该和大家一起分享”，或者让受委屈的孩子直接对小伙伴提出“我们应该怎么做”的建议，这样会让孩子更加自信。下一次，孩子也就有了勇气按正确的方法，而不是靠打架去处理和小伙伴之间的矛盾了。

孩子为何喜欢与老师对着干

叛逆期案例

娟娟是小学三年级的学生，很有个性，学习也很好，但有一点，她和别的成绩好的学生不一样，那就是别的成绩好的学生都很听老师的话，而她呢，只要哪个老师让她不服气，她就不听那个老师的话，总是跟老师对着干。

一天中午，娟娟的妈妈接到了英语老师的电话，只听见电话那边的英语老师很生气地说："气死我了，你们家娟娟总是故意跟我作对，今天上午上课时，我说这节课讲试卷，她却坐在座位上说'大家都考得不错，有什么可讲的，讲新课得了'。我表扬班里的学生，说这次考试不及格的人数最少，她又说'有什么可表扬的呀，都是因为你表扬，才使我们班落后了！'你说气人不气人！到底我是老师，还是她是老师！"

娟娟妈听着老师一通埋怨，赶紧跟老师赔不是，说孩子今天回家，一定好好教育一下。但她听到英语老师又接着说："这不是一次两次了，经常上课时跟我作对，比如前天上课时，我说让大家先背一背单词，她说'背那些有什么用，我不能接受你的教学方法'之类的话。当时真的让我很难堪！”

其实，娟娟爱跟老师作对的事情，妈妈一直都知道，也跟娟娟谈过很多次，但每次她都是嘴上说改正，但行动上依然我行我素。这让妈妈也不知道如何是好。

妈妈要懂的心理学：孩子抵触老师，有可能是希望自己获得更多关注

七八岁的孩子总是与老师对着干，这的确是一个令人头疼的问题。老师说东，他说西；老师让他做这个，他偏要做那个；只要老师一批评他，他就要想出一个办法报复老师……当孩子与老师作对时，很多老师和父母大都是给予批评和责骂，尤其是有些老师，认为孩子挑战了自己的权威，是故意给自己难堪，于是火冒三丈，不是狠狠地给予惩罚，就是到班主任或孩子父母那里告状，总之，就是想方设法去压制孩子。

孩子总与老师对着干，其实，并不能全怪孩子，很大一部分原因在于老师和父母。

在学校里，除了成绩的优秀能给孩子带来成就感之外，老师的关注与重视是他最大的心理满足。如果老师总是对某个孩子一副漠不关心的表情，上课时老师也不向他提问，这很容易伤害他的自尊心。而自尊心强，是七八岁孩子的普遍特点，为了引起更多的注意，他们会通过抵触老师的方式来实现被关注的愿望。

有些老师的教育方式简单粗暴，不懂得尊重孩子；有些老师对孩子的心理特点和需求不了解，总是对他们提出不恰当的要求；有些老师习惯于为学生贴标签，对好学生一好百好，对坏学生却认为是本性难移。如此种种，都会使孩子产生对抗情绪。例子中的娟娟之所以总是与英语老师对着干，很大程度上就是因为对老师教育方式的不认可而造成的。

七八岁的孩子，好奇心和求知欲都很强。但有些父母和老师对孩子的好问行为，总是十分不耐烦，致使孩子的好奇心得不到满足。因为自己要依赖父母生活，不能对父母进行反抗，于是，就将心中的不满转移到老师身上，全部发泄给老师。

当然，也有这样的情况，那就是因为孩子年龄比较小，又深受父母的溺爱，因此他们的抗挫折能力比较弱，老师稍微批评一下，心理上就承受不了，甚至对老师怀恨在心，于是就找机会与老师作对。

总之，当孩子总是与老师对着干时，我们千万不要责骂或惩罚孩子，或试图压制他们，这样做只会加重孩子的对抗情绪。最好的办法就是，多与孩子谈谈心，弄清楚孩子对抗老师的真正原因，然后对症下药，逐步消除孩子对老师的抵触情绪。

下面我们来看具体的方法指导。

叛逆期方法指导

方法一：平时要以温和的态度对待孩子

法国作家拉封丹曾写过一则寓言，大意是这样的：

> 北风和南风相约比赛，看看谁能够脱掉路上行人的衣服。比赛开始了，北风大施淫威，它刮得一阵紧似一阵，使劲儿吹起路上行人的衣服，但行人为了抵御北风的侵袭，不仅没有脱掉衣服，反而把衣服裹得越来越紧；而南风则不同，它轻轻地吹，风和日丽，行人的身上逐渐暖和起来，于是纷纷解开纽扣，继而脱掉外衣。
>
> 北风和南风的目的都是要使行人脱掉衣服，但由于态度和方法不同，一个生硬，一个温和，结果大相径庭。同样，当孩子总是与老师对着干时，如果我们怒对孩子拍桌子、砸板凳，甚至体罚，会使他们的

“大衣裹得更紧”；如果采用和风细雨“南风”式的教育方法，我们会轻而易举地让孩子“脱掉大衣”，达到理想的教育效果。

因此，当孩子喜欢与老师作对时，先要以温和的态度与孩子谈一谈，让孩子在宽松、自由的氛围中发泄一下对老师的不满，这种发泄可以让孩子得到一定的心理满足。而我们要做的，就是认真地倾听，这样，会让孩子感觉到自己的烦恼得到了尊重，他们就会毫不隐瞒地告诉我们抵触老师的真正原因。

等孩子的情绪稳定下来后，我们就与孩子一起讨论解决办法，如果问题的主要原因在孩子，我们就应该帮助孩子认识到自己的错误并改正错误。如果与老师也有一定的关系，那么我们就应该找老师谈一谈，一起商量一个圆满的解决办法。切忌让孩子无条件地服从老师，这样只会加剧孩子对老师的反抗情绪。

方法二：从老师的角度思考一下问题

有的父母仅仅站在孩子的角度考虑问题，过分宠爱孩子，有的孩子在学校里犯了错误，受到了老师的惩罚后，并不向父母如实地反映情况，而硬说老师处理不当。而有些父母爱子心切，就偏听偏信，甚至与孩子一起指责老师，更有甚者跑到学校里与老师大吵一番，这样做，结果只可能更糟。

网上有这样的一个例子。曾有一位家长，因为自己的“宝贝”在学校受了罚，于是在网上发了一个帖子，将老师狠狠地“教训”了一番。帖子中称：“我的孩子就是宝贝……我孩子在学校无论犯什么样的错，你们老师就是无权打，即使用书轻轻地拍都不行。”帖子中还称“我会投诉给你们的领导”，而领导会“让你乖乖地给我道歉”，最后还说，“你是老师，我就是瞧不起你，你又能如何？”

老师打人是不对，但这位家长的做法也有些过于冲动。七八岁的孩子，认识有的时候有偏激的一面，很容易以自我为中心，仅仅站在自己的角度看问题。此时，做父母的一定不要仅听孩子的一面之词，而应该与孩子一起，站在老师的角度，体会一下老师的情绪和难处，让孩子学会为他人着想，减轻孩子对老师的对抗情绪。

我们在教孩子学会尊重老师的同时，还要教给孩子一些提建议或意见的策略与技巧，同时，鼓励孩子要有自己的想法，善于向老师提问题。

方法三：提高孩子的抗挫折能力

有些孩子之所以会跟老师对着干，主要是由于承受挫折的能力比较低。正因为他们承受不了较大的挫折，老师一批评，他们就会觉得受不了，从而产生严重的与老师对抗的情绪反应。因此，我们一定要提高孩子的抗挫折能力。

宋霭龄、宋庆龄、宋美龄三姐妹，被誉为20世纪世界上最杰出的女性。那么，这三位杰出的女性是如何被父母教导出来的呢？

当她们还在爬行和学步阶段时，父亲宋耀如就鼓励她们："一步二步三步，好！跌倒了别哭，自己爬起来再走，好！一二一，一二一……"孩子们果然不哭，跌倒了爬起来再走。

孩子们渐渐长大。在一个风雨交加的日子，宋耀如带着霭龄、庆龄、子文等人来到龙华古刹，让他们站在古塔下淋雨。宋耀如指着高高耸立的龙华塔对孩子们说："你们看这座塔，千余年来不怕风雨，就是因为它基础牢固，骨架紧密。你们也要从小打基础，练骨架。现在让我们一起围绕宝塔跑六圈！"说完，宋耀如带头跑了起来，孩子们紧紧跟在父亲身后，有人不小心在泥泞中跌倒了，却迅速爬起来再跑，无一肯落后……

宋耀如夫妇认为，爱孩子，决不可以把他们当做珍珠玛瑙那样去爱。玉器是细琢出来的，才干是苦练出来的。

西方现在有这样一种说法："有十分幸福童年的人常有不幸的成年。"很少遭受挫折的孩子长大后，会因不适应激烈竞争和复杂多变的社会而深感痛苦。意志的软弱是不能承受挫折的主要原因，这就需要我们在平时的生活中，多培养孩子的刚强性格，不要事事都为他们包办，而要鼓励孩子自己的事情自己做，养成独立生活的习惯。只有这样，他们的内心才会更坚强，才不会因为老师一点点的小批评就产生严重的情绪反应。

孩子为何什么都听老师的

叛逆期案例

小雨是一个漂亮的小姑娘，现在上小学二年级，学习成绩也不错。但有一件事情始终让妈妈无可奈何，就是小雨总是把老师的话当圣旨一样，而自己和她爸爸的话在她那里简直一文不值，是“废纸”一张。在家里，不管爸爸妈妈要求她做什么事情，她都持有怀疑态度，有时候一个问题有几种答案，她偏偏只听老师的一种答案，她常挂在嘴边的一句话就是，“我们老师是这样说的，你们说的不对……”

一天晚上，小雨不肯好好吃饭，又蹦又跳，妈妈开始耐心地劝她，没有效果，最后妈妈忍不住“河东狮吼”，还是没有任何效果。在一旁看电视的爸爸突然趴在女儿的耳边悄悄地说：“再不好好吃饭，明天送你上学时，我就告诉你们老师。”

原本活蹦乱跳的女儿，立刻就像被套上了金箍圈，收敛起调皮的模样，规规矩矩地吃起饭来。

女儿瞬间的转变令妈妈大惑不解：“哎，你刚才跟女儿说什么？她怎么突然就乖乖地听话了？”

“就是抬出‘告诉老师’这把上方宝剑啊！”

妈妈一听哈哈大笑起来：“这还真是一个好办法，我怎么没想到呢？”

妈妈要懂的心理学：老师在孩子心目中比家长更有“权威”性

在生活中，很多孩子都跟小雨一样，在学校对老师的要求百分之百地遵从，将老师的每一句话都奉为“圣旨”，将老师的每一个动作都当做榜样，“老师就是这么说的”“老师就是这么做的”似乎成了孩子的口头禅。相比之下，在家里却是非常任性、不讲道理，将爸爸妈妈的话当成耳旁风，不少爸爸妈妈对此感到失落，甚至感到苦恼：“孩子为什么只听老师的话呢？”

其实，只听老师的话，是小学一年级或者说是小学低年级孩子的一个“通病”。为什么呢？

首先，老师在孩子的心目中占有“权威”地位，是孩子最初学习、模仿并崇拜的偶像。老师在教育孩子时，对所有的孩子都是“严而不厉，爱而不溺”的，而且，老师还善于从孩子的实际出发，处处给孩子提供表现的机会，同时，老师也不太会受到情绪影响，能把握住教育原则的一贯性，这种一视同仁的态度，恰恰是孩子需要的，也是值得他们尊敬的。孩子在进入小学后，眼界一下子变得宽广了，他们发现学校里的老师都是无所不能、无所不知，知道的东西不仅比自己的父母多，而且还有权力管这么多的孩子，不由生出崇拜之心。因此，在孩子心中，老师的威信要强于爸爸妈妈。

其次，父母没有在孩子面前树立好威信。很多父母在教育孩子时，或者是非常溺爱孩子，使其养成任性、独享、以自我为中心的不良个性；或者是对孩子非常严厉，常常为无关紧要的事大发雷霆。而且，有些父母在教育孩子时往往会被情感左右理智，高兴时就事事宽容孩子，不高兴时就处处为难孩子。长此以往，孩子就会把父母的话当做耳旁风。长时间的家庭教育不一致，孩子自然就会养成在校和在家“两面人”的习惯。

其实，老师在孩子心目中有威信也是一件好事，这便于孩子接受学校的教育，同时，当孩子不听爸爸妈妈的话时，还可以向老师反映孩子在家里的情况，进而请求老师的帮忙，这对孩子的成长是有很大好处的。因此，对于只听老师的话的孩子，我们不用感到失落和苦恼，而是应及时改变自己的教育孩子的方法，树立起自己在孩子心中的威信。

叛逆期方法指导

方法一：提高自身的素质和修养

高尚的文化素养是高品质人生的必要保障。作为父母，更应该积极提高自身的素质，增加自己的知识储备，尤其要多读一读关于自然科学和社会科学方面的书籍。七八岁的孩子对周围的一切都感到新鲜，会向父母提出很多的“为什么”，这时，我们应当能够充当孩子的“百科全书”，正确地解答他们的疑问。

实在无法解答的，也要认真对待孩子的问题，可以和孩子一起翻阅书籍或者上网查阅，帮助他们寻找答案。我相信，时间长了，孩子一定会对我们刮目相看的。如果对于孩子提出的问题，我们给出的答案与老师的答案不一致时，要及时和老师沟通达成一致，尽早让孩子看到父母的能力。

同时，我们要给孩子树立一个好的榜样，时刻注意自己的言行，并保持良好的情绪状态。如果我们要求孩子尊重自己，我们就应当尊重自己的父母，为孩子做出表率。总之，只有在家庭生活、工作态度、待人处世等多个方面为孩子做出榜样，让孩子崇拜和敬重我们，这样，我们所说的话才能让孩子真正地信服。

方法二：调整自己的教育方法

父母错误的教育方法是导致孩子“只听老师话，不听自己话”的一个重要原因，因此，我们一定要调整自己的教育方法，不再让孩子把我们的话当成耳旁风。

首先，我们在教育孩子时，一定要保持“爱而不娇、严而不厉”的教育态度。我们中国有一句古语：“惯子如杀子。”这句话是永恒不变的真理。对孩子过分地关心宠爱，会让孩子从小就只会享受，不知奉献；心中只有自己，没有他人；情感世界中只关注自己，不知体谅别人。对于孩子过于严厉，比如，每当孩子犯了错误，就对孩子大喊大叫，甚至还要进行体罚，这会让孩子不知所措，容易让孩子与父母产生距离感。总之，爱护孩子是父母的职责，但也决不能一味迁就。大事要讲原则，小事讲要风格，该护则护，但决不过分宠爱。

其次，父母要学会赞美、赏识孩子。美国行为主义心理学家梅格·安妮说过：“赏识孩子意味着什么？一个赏识的微笑，就好像阳光照在含苞待放的花朵上。赏识是热爱生命、善待生命，是孩子生命的无形阳光、空气和水。”在孩子的心中，没有比得到称赞更好的礼物了。哪怕孩子只有一点点进步，都要给予鼓励和夸奖。孩子老不爱收拾房间，尽管今天仍然是不情愿地收拾了，但毕竟还是拿起扫把了，这就应该鼓励。孩子乱摔东西，过去还跟父母顶撞，今天尽管他还是乱摔东西，但没有与父母顶嘴，这也应该鼓励。一味地斥责、批评，只会让孩子反感，从而把父母的话当成耳旁风。因此，我们要把握好表扬和批评的尺度，该表扬的时候就表扬，该批评的时候就批评。

总之，我们一定要运用正确的教育手段来教育孩子，要因势利导，循循善诱，宽严适度。既不能下禁令、处处挑剔、事事指责，也不能一味迁就、放任自流。

方法三：对孩子要言而有信

作为父母，我们对孩子要信守诺言，说话算数。不要总对孩子信口开河，许下的诺言就要兑现，这样，孩子才能对我们的话确信不疑，才能听我们的话，我们的威信才会在孩子的心目中树立起来。

曾参是孔子门生中七十二贤之一，一天，曾参的妻子准备出门，这时儿子也吵着要跟着去。因为带着孩子不方便，妻子便哄儿子说："只要你在家好好玩，等我回来后，就把家里的那头猪宰了，给你煮肉吃。"儿子一听有肉吃，便高兴地留在了家里。

当妻子回到家时，看到曾参正在磨刀，于是问他磨刀干什么。曾参说："杀猪给儿子炖肉吃。"妻子一听，顿时就生气了："我只是哄儿子说着玩的，你怎么能当真呢？"曾参却一本正经地说："孩子是不能欺骗的！他现在年纪还不大，缺乏辨别能力，父母给他教什么，他就学什么。你这次哄他、骗他，孩子下次还会听你的话吗？你以后还如何教育孩子呢？"

妻子听了曾参的话，没有再多说什么，与曾参一起把家里的猪杀了，给儿子炖了一锅香喷喷的肉。

父母每一次都对孩子履行诺言，既能保护孩子的自尊心，也能维护家长在孩子心目中的威信。对于七八岁的孩子来说，从心底里还是很信任自己的父母的，但是他们一旦发现父母对自己的承诺只不过是一种哄骗，就会大为疑惑和失望：父母都可以说话不算数，我们还能相信谁呢？久而久之，孩子就逐渐失去了对我们的信任。尽管他们没有足够的力量反抗我们的"食言"，但是，他们会以自己的方式来作出反应。他会对我们以后说过的话、提出的要求、许下的诺言无动于衷，甚至嗤之以鼻！

因此，一旦对孩子许诺，就应该言出必践，坚决执行，决不能临时反悔。

方法四：请老师协助教育

孩子在进入小学以后，妈妈的权威多少都会被老师替代一部分。尤其是当孩子只听老师的话，不听父母的话时，很容易给我们的心理上带来失落感，“这个小没良心的，居然连我的话都不听了”。这时我们一定要保持理智，不要吃老师的“醋”。

其实，崇拜老师，只听老师的话，对孩子而言是一件好事，正是因为尊重老师，他们才愿意接受老师的教育。因此，我们不可在孩子面前随意否定老师，更不能说老师的坏话，而应该维护老师在他心目中的权威形象。

同时，我们还可以利用老师在孩子心目中的权威性，以及孩子把老师的话当“圣旨”的心理特点，经常与老师保持联系，对于孩子的一些坏习惯，比如不爱收拾房间，吃饭的时候爱玩，爱看电视……如果我们对这些事情没有好的纠正方法，可以求助于老师，请他们协助教育。此外，我们也可以建议老师开展“在家做个好孩子”“谁最听爸爸妈妈的话”“我帮妈妈捶捶背”等活动，使孩子把在学校听话的好习惯带回家去。

孩子不懂礼貌家长有责任

叛逆期案例

优优是一个八岁的小男孩，成绩不错，经常受到大家的夸奖，妈妈也觉得很有面子。爸爸妈妈因为就优优一个孩子，学习也很好，所以，在家里什么事都依他的，宁肯委屈自己，也不委屈孩子。虽然有时也觉得优优没有礼貌，比如：得到了别人的帮助不会说“谢谢”；跟小朋友在一起玩，喜欢人家的玩具，抢了就走；吃饭时大人还没上桌，他已经把菜翻得一塌糊涂；家里来个客人，不会主动打招呼；等等。但又觉得这些都是小事，而且他又是一个男孩子，以为大大咧咧点没有什么关系。

直到有一次，带优优参加了一个正式晚宴后，爸爸妈妈才发现，让孩子懂礼貌是多么的重要。在晚宴上，优优站没站相，坐没坐相。大家都还没有上桌，他却先一屁股坐到了主要的位置，旁若无人地吆喝服务生要这要那。菜一端上桌，他的筷子马上就到了，等到上他爱吃的炸鸡腿时，他居然连盘子都端到了自己面前，就跟在家里一样。虽然大家都说“小孩子嘛，没关系的”，但优优的爸爸妈妈还是看到了鄙夷的目光，当时真是如坐针毡，异常难堪！

妈妈要懂的心理学：孩子不懂礼貌并非出于故意，大多是因为他们不知道该怎么讲礼貌

孔子说："不学礼，无以立。"意思就是说，不懂"礼"，不学"礼"，一个人就不能在社会上立足。因此，孩子从小就要养成文明礼貌的习惯。可惜的是，像优优这样不懂礼貌的孩子，在我们的生活中有很多。我们经常可以看到：有些孩子家里来了客人，不知道问候，甚至不愿让大人接待客人；有的孩子满嘴脏话，口出狂言，甚至还打架骂人。那么，是什么原因造成了这些孩了不讲礼貌呢？

其实，有些七八岁的孩子不懂礼貌，并不是他们内心不尊重别人，而是不知道该怎么尊重别人，不知道怎样去讲礼貌。比如到别人家做客时，他就觉得应该跟在家里一样，可以随随便便，其实，在自己家里，和在别人家里，是大有区别的，但区别在哪里，他们并不知道。在吃、穿、行、坐、站、言等各方面，都有它的基本要求。但是，很多父母却并没有提醒孩子，或因为溺爱，或认为孩子还小，长大了就明白了，于是听之任之、不加约束，结果，逐渐让孩子养成了不讲礼貌的坏习惯。就如例子中的优优，其实算不上是坏孩子，就是因为父母没有教他礼貌待人，认为孩子学习好才是最重要的，才养成了他的不懂礼貌的习惯。

当然，孩子也并不是天生就不讲礼貌，很大程度上是日常生活中父母或周围人的影响造成的。七八岁的孩子的模仿性较强，且又缺乏一定的辨别能力，如果父母或周围的人不注意自身形象，在公共场合不讲文明，不用礼貌语言，孩子也会在不知不觉中模仿他们。可以想象，如果父母平时说话总是高声吼叫，或者满口粗话，孩子会变得轻声细语、彬彬有礼吗？

没有礼貌可不是一件小事。如果孩子没有形成良好的礼貌习惯，就会成为一个不受欢迎的人，会被周围的伙伴疏远、孤立，这对孩子交朋友、学习等各方面都不利。因此，我们一定要从自身做起，对孩子进行言传身教，让他们变成一个讲文明、懂礼貌的好孩子。

叛逆期方法指导

方法一：我们要规范自己的言行

“父母是孩子的镜子。”孩子不懂礼貌，大多与父母本身行为的不良有关，什么样的父母就会教出什么样的孩子。父母要求孩子懂礼貌，自己首先要做到礼貌待人。如果父母自己不是一个讲文明、懂礼貌的人，即使对孩子的管教特别严，苛求孩子的言行要有礼貌，也不会起到什么效果。比如，问路时，如果我们是这样问的：“喂，老头，到公园怎么走？”那么，以后孩子在问路时，也不可能这样问：“老爷爷，请问一下，到公园该怎么走？”

在公共汽车上，一位妈妈和七岁的儿子一起坐在一个座位上。这时，上来一位老奶奶，儿子很懂事，站起来，对那位老奶奶说：“老奶奶，您坐我们这儿吧。”没想到的是，那位妈妈却伸出手来，把儿子又拉到了座位上。儿子不解地说：“老师说，要给老爷爷、老奶奶让座的。”妈妈白了他一眼，没有说话。

也许，这位妈妈平时也在教育儿子要讲文明、懂礼貌。但在实际行动中，却没有给孩子做出好的榜样。可以说，这位妈妈是一个不合格的妈妈，本来孩子是懂礼貌的，但如果这样的次数多了，孩子也就会慢慢养成不给老爷爷、老奶奶让座的习惯。

因此，要培养孩子懂礼貌，应从我们自身做起。在一些具体的处事细节上，如何做到合理而不失礼，我们要做最好的示范给孩子看。比如，我们下班回家后，孩子递过来一杯热茶，不要忘记了对他说声“谢谢”。这样，在帮助孩子后，他也会向我们表达谢意。在与别人交往谈话时，我们也要注意自己的言谈举止，尽量避免粗鲁的行为和不文明的用语。

孩子是在模仿父母的言行中长大的，父母的一言一行、一举一动，都会在无形中感染和熏陶着孩子，所以，要想把孩子培养成为一个讲文明、懂礼貌的人，我们就应该成为孩子的楷模。如果我们不讲礼貌，又怎能期望孩子有礼貌呢？

方法二：教给孩子一些基本的礼仪

很多时候，孩子对人不够礼貌，其实并不是有心的，而是因为他们年龄比较小，根本就不懂得这些基本的礼节。因此，我们应该将一些社交的基本礼仪教给孩子，使其养成良好的行为习惯。

比如，当家中来了客人，我们应要求孩子主动和客人打招呼，请客人坐，给客人倒茶，客人走时说声“再见”；当孩子到别人家去时，告诉孩子要先敲门，得到允许后再进门，不能胡乱闯进别人家里；用餐时，教孩子不争、不抢、不挑剔食物；上车、购物时不要拥挤，应当自觉排队等候，依次序而进；到公共场所时，要教育孩子爱护环境卫生，不随地扔废弃物，不随地吐痰，等等。

只要我们耐心地、一点一点地给孩子灌输这些基本礼仪，那么孩子想不懂礼貌也难。对于不懂礼貌的孩子，我们要不厌其烦地反复提醒。最好是事前提醒，比如要到别人家赴宴，我们最好提前把相关的礼仪告诉孩子。

玲玲今年八岁了，她是一个很懂礼貌的孩子。只要有人送东西给她，不管自己是否喜欢，她都会真诚地说声“谢谢”；如果想让别人帮个忙，说话一定会带着一个“请”字，帮完忙还会说声“麻烦你了”等；如果自己不小心碰到了别人，或者弄得声响大了些，吵到了别人，她都会急忙说声“对不起”，哪怕是在父母面前也是如此。

正因为懂礼貌，玲玲成了一个人见人爱的孩子，身边的每一个人都夸奖她。而这些，都是玲玲的妈妈从小教出来的。在玲玲刚懂事时，妈妈就利用各种机会教她一些基本的礼仪。如玲玲有时忘记了，妈妈会随时提醒她。到现在，讲文明、懂礼貌已经成为了玲玲的习惯。

玲玲的妈妈是一位称职的妈妈，如果我们都能像玲玲的父母那样尽早地教给孩子一些基本的礼仪，就会使孩子养成讲文明、懂礼貌的好习惯。

方法三：及时纠正孩子不礼貌的行为

千万不要把孩子的许多问题都集中起来，试图突击解决。正确的做法应该是发现一个问题就立即解决。当发现孩子的不礼貌行为时，我们要立即加以矫正。比如，孩子和长辈说话时没有使用敬语“您”，我们便可马上勒令孩子说上十几遍，直到孩子说正确了为止。

凡凡是一个八岁的小男孩，十分聪明，但很多人都不喜欢他，为什么呢？因为他喜欢说脏话。除了跟父母说话以外，他跟其他人说话最后都会带一声“他妈的”，这几乎已经成为了他的口头禅。

而凡凡之所以脏话不离口，是因为在跟同学的一次吵架中，那位同学这样骂了他，当时他感觉到了这句脏话的杀伤力，于是，以后再与人吵架时，他也用这句话来伤人，结果，这句话慢慢地就变成了他的口头禅。

凡凡的父母偶然得知孩子的这个毛病之后，便马上告诉孩子这是最伤人的脏话，是对父母的侮辱，包括自己在内，一定要改掉这个毛病。凡凡听了父母的这番话，意识到了问题的严重性，于是决心改正，经过一段时间的努力，他终于丢掉了这句伤人的口头禅。

孩子随着接触面的增大，交往人的增加，很容易沾染上一些不良的习气，学会一些不礼貌的行为，我们发现后要及时进行纠正，这样孩子就会像凡凡一样，有效地控制住自己不礼貌的言行。

大人说话，孩子为何爱插嘴

叛逆期案例

威威今年八岁，性格活泼，天资聪慧，从小就喜欢问个为什么。上小学以后，老师也常夸威威头脑灵活、思维活跃，威威一直深受父母喜爱。只是他有个毛病，让父母烦恼不已，那就是在别人说话时，他总喜欢多嘴多舌，在家里如此，在学校也是一样。

有一天，爸爸的同事张叔叔来家里做客，聊着聊着就说到了一些工作上的事情，威威看见爸爸和张叔叔聊得这么开心，也凑了过来，还时不时地插上几句。王叔叔碍于面子，有时也会与他说上几句，但没想威威越来越有劲，一连提了好几个问题，张叔叔正不知如何回答时，爸爸生气了，阴着脸跟他说："小孩子怎么这么没有规矩！大人说话，插什么嘴，还不去做作业！"

爸爸既然下了"逐客令"，威威只好闷闷不乐地离开了。

妈妈要懂的心理学：七八岁的孩子爱插嘴，或是天性好奇，或是想表现自己

在生活中，跟威威一样爱插嘴的孩子有很多，当我们正在与别人聊得不亦乐乎时，而孩子总是喜欢在旁边毫不顾忌地东插一句，西插一句。答理他吧，他越来越有劲；不答理他吧，就跟旁边放了一只鸭子似的，让你不得安宁。爱插嘴，几乎是七八岁孩子的通病，也的确是令很多父母头疼的一件事。

其实，七八岁的孩子爱插嘴，是一种正常的心理现象。这个年龄阶段的孩子，天性活泼、好奇心强，对自己以外的任何事情都感兴趣。因为年龄小，知识面窄，求知欲却高。当他们对大人讲话中的某些内容感到好奇时，就会迫不及待地想解决心中的"疑问"，于是便会提出许多问题希望得到解答。这是他们获得知识的途径，也是他们的可贵之处。

孩子爱插嘴，有时候是想引起父母的注意。比如，当父母打电话或和其他人说话时，孩子感到"若有所失"，于是他就通过插嘴的方式来提醒父母重视自己的存在。这样的孩子，大多是因为父母平时对他们关注得太少。很多特别喜欢表现自己的孩子，有时也喜欢插嘴，当他们听到别人说某件事时，就情不自禁地急于把自己知道的有关情况或想说的话讲出来。

爱插嘴的孩子，一般思维都比较活跃，反应敏捷，善于表达自己的思想，这是一种良好的人生态度。但是，爱插嘴也是一种不礼貌的行为，尤其是在正式场合，确实不合适宜，往往会让人觉得没有教养。因此，我们对孩子的这种行为既不能放任不管，又要注意处理方式，应该具体情况具体分析，因势利导，引导孩子恰当地表述自己的意见。

叛逆期方法指导

方法一：不能一味地压抑孩子

在许多场合，孩子的插嘴让父母感到是一种干扰，是一种不礼貌的行为，在经过屡次警告无效后，很多父母会对孩子大吼一声："大人说话，小孩子少插嘴。"殊不知，这一句责骂，可能会大大地挫伤孩子的自尊心和自信心，并扼杀一个有独立见解的人才。

尽管打断别人说话显得不大礼貌，但我们也不能进行过分的压制，不喜欢孩子插嘴，这种态度本身就说明我们不够重视孩子的意见，孩子很容易从此自我贬低，对大人之间的谈话，不再去听，也不再去想了，这就使他们失去了宝贵的思维训练的机会。

因此，无论孩子插嘴的原因是什么，我们都要用积极、平静的态度去对待。多数情况下，孩子插嘴是想表达自己的观点，引起父母的注意。这时，我们应该包容孩子，不妨给孩子一个"表现"的机会，允许孩子发表一下自己的看法。当孩子表达出的观点新颖，我们还应适当给予表扬，以鼓励孩子多思考。不过，谈完话以后，我们应很委婉地指出他们刚才随便插话是不对的。这样，孩子就比较容易接受我们的批评，因为他们的"表现欲"得到了满足。

我们在与人谈话时，如果孩子在场，可以事先与他约定，有话要说时，先给父母一个暗示的信号，请父母安排说话的时机。如果是在谈论比较重要的事情，确实不适合孩子插嘴，我们可以用一个手势、一个眼神来制止他们这种不礼貌的行为，这样做比呵斥更能保护他们的自尊心。我们也可以给孩子安排一些力所能及的事让他去做，只要让他感觉到我们并没有忽视他的存在，他也就会很高兴地去做他自己的事。

方法二：利用一切机会加以启发和诱导

我们要利用一切机会，对孩子加以启发和引导，特别要注意运用发生在孩子身边的事情来教育他们，使他们受到启迪。比如，当我们带孩子出去玩，看到别的孩子在其父母和人讲话中，总是插在中间东说一句、西说一句，而因此受到批评时，就可以问一问自己的孩子："刚才那个孩子这么做对吗？为什么呢？你喜欢他这样吗？"让孩子从中受到教育。当看到不随便插嘴的孩子时，可以对他说："你看那个小朋友多有礼貌，都会等大人说完话时才说话，我相信你也一定可以做到。"

七八岁孩子的模仿性较强，且又缺乏一定的辨别能力，若要孩子不插嘴，我们也要时刻注意自己的言行，不要随意打断别人的谈话，树立起一个礼貌地与人交往的榜样。当然，我们还可以在孩子说话时故意去插嘴、打断他的话，事后问他们感受如何，喜不喜欢他们在说话时被人随意打断？孩子在经过亲身体验后，也会自行修正行为。

此外，还可以定期组织家庭谈话活动，谈话要围绕一个特定的主题进行，事前还要与孩子约定规则：即一是要按顺序发言；二是要认真听别人说话，如果别人在发言时，自己确实有话要说，一定要先举手示意，经发言人同意并在发言人中止发言时，自己才能说话；三是如果有人随意插嘴，大家可以不予理睬，插嘴之人事后还要接受批评。在整个谈话过程中，如果孩子一直遵守规则，要及时给予鼓励和表扬。多组织这样的活动，孩子慢慢地就会养成不随便插嘴的好习惯。

方法三：教孩子学会倾听

善于表达自己想法的孩子虽然讨人喜欢，但是，不分场合的插话就让人厌烦了。因此，我们一定要教育孩子学会倾听，告诉孩子，只有当别人的话告一段落或者询问自己的意见时，自己才能说话。这样做，既是对别人的尊重，也可以从别人的谈话中了解到更多的情况、学到更多的知识。

从前，有一个小国向我国的皇帝进贡了三个一模一样的小金人，金光闪闪，皇帝非常高兴。同时，这个小国的使者还带来了一道题目：这三个小金人哪个价值最大？

皇帝和大臣们想了很多办法，又是称重量，又是看做工，甚至还请来了珠宝匠检查，但怎么比较，这三个小金人都是一模一样的。怎么办？那位使者还等着回去汇报呢。难道泱泱大国，连这个小问题都解决不了？

最后，有一位已经退位的老臣说他有办法。于是皇帝将使者请到了大殿，只见那位老臣拿出三根稻草，插入第一个小金人的耳朵里，稻草从另一只耳朵出来了，接着又插入第二个小金人的耳朵，稻草直接从嘴巴里掉了出来，最后插入第三个小金人的耳朵，稻草直接掉进了肚子里，什么响动都没有。于是老臣对着大家说：这第三个小金人价值最大！那位小国的使者默然无语，答案是正确的。

为什么第三个小金人最有价值呢？因为他善于倾听。这个故事就是告诉我们：一个人学会倾听是十分重要的。人有两只耳朵一张嘴，就是为了少说多听。学会倾听，是孩子必须具备的美德。倾听既是一个听的过程，也是一个学的过程。在倾听的过程中，孩子可以学习到一些自己不知道的知识和他人为人处世的态度与原则。

那么，我们应该怎样使孩子学会倾听呢？

我们要多激励孩子，引发他们倾听的兴趣。比如，当孩子认真倾听别人说话时，我们就应及时给予表扬：“你听得可真仔细。”“别人说的话，你都听懂了，真了不起！”我们也可以抓住他们善听的“闪光点”进行赞扬：“你听出了他的不足，可真帮了他的大忙！”“这么一点小区别都被你找出来了，你的听力可真不错！”多让孩子品尝到成功的喜悦，获得成功的满足感，他们就会渐渐地重视倾听了。

我们在与孩子进行交流时，可以在说话前对他们提出要求，让他们注意听，隔一会儿就向孩子提一个问题。久而久之，孩子就能够控制住自己，也就懂得了当别人说话时应仔细听。

孩子常常欺负弱小怎么办

叛逆期案例

东东的父母接到了学校老师的电话，让他们立即赶到学校，到校长办公室有重要事情商量。当他们急急忙忙赶到校长办公室时，老师告诉他们，东东欺负一个一年级叫明明的孩子，并向他要了一个月的零花钱。听老师说完这件事，东东的父母顿时气不打一处来，东东的妈妈说："我没少教育孩子，总告诉他哪些事该做，哪些事不能做。怎么会变成这样？"

老师先把明明叫到了办公室，让他说一说具体情况。原来，在上个月初的一天，八岁的东东在学校附近的商店买零食，看着明明手里拿着不少钱，东东仗着自己比他大，便把明明叫到了一边，让明明给他五元钱，还威胁明明不准告诉家长和老师，明明的胆子比较小，没有和任何人说起这件事。东东尝到甜头后，便接二连三地向明明要钱，先是五元，然后就是十元、二十元。而且每次还威胁明明，如果他敢把这件事告诉别人，就揍死他。每次给钱的时候，还提醒明明下次给钱的时间。

没钱的明明只能悄悄从家里偷出钱交给东东，终于有一次被妈妈发现了，经过妈妈的软硬兼施，明明不得不说出了实情。明明的妈妈这才知道，孩子从家里偷钱是给本校三年级一个叫东东的孩子。于是，她和明明的爸爸立即找到学校，把这个情况告诉了校长，校长听到这件事，也是十分惊讶，赶紧把东东的父母给找来了。

当东东被叫到办公室，发现自己的爸爸妈妈，还有明明和他的爸爸妈妈都在时，知道自己欺负明明的事情败露了。但在说起向明明要钱的事，东东的回答出乎所有人的意料，他说："我在电视上看到别人向人要钱十分容易，吓唬一下就要到了，我也想试试，没想到这么容易。"

妈妈要懂的心理学：如果需求得不到满足，孩子便会产生挫折感，甚至恃强凌弱

在日常生活中，有些七八岁的孩子总是喜欢欺负比自己小的孩子，动不动就会打别人一巴掌，推别人一把，还特别爱抢别人的玩具；在游戏中，有想当领袖的欲望，希望比他小的孩子都听他的指挥，如果有人不听，他就欺负人家。孩子这种爱欺负人的习惯，让很多父母为难，管轻了没有用，管重了又怕孩子以后变得懦弱。那么，我们到底应该怎么办呢？

首先，我们来看一看孩子爱欺负人的原因：一般来说，爱欺负人的孩子，常见于父母溺爱、对其百依百顺的孩子，特别是男孩子。因为父母的溺爱，凡事以孩子为中心，对孩子有求必应，使孩子形成了自私、蛮横、跋扈的个性，在与小伙伴的交往中，忘却了社会环境的不同。如果需求得不到满足，便会产生挫折感，因而恃强凌弱，并以侵略性、霸道性的行为来表现。

七八岁的孩子的模仿性比较强，而且对任何事都非常好奇，当他们观看那些充满暴力的影视片后，不能辨别是非好坏，便模仿片中的暴力动作而欺凌弱小。尤

其是在第一次欺负弱小，而得到了他想得到的东西之后，下一次他还会以同样的行为来达到他的目的。例子中的东东就是因为受电视的影响，而威胁弱小的明明，向明明要钱。

孩子爱欺负人，同样与父母平时的行为也有很大关系。有的父母奉行“孩子不打不成人”的教育态度，对孩子态度粗暴，尤其是在孩子做错事后，不是大声训斥，就是狠揍一顿。在这样的家庭教育环境下，孩子在潜移默化中也会形成蛮横、粗暴的性格，任意去欺负比自己小的孩子，威胁和强迫他们按自己的意图行事，以此来显示自己的强大。

对于爱欺负人的孩子，我们不要加以限制或惩罚，也不要放任自流，应多给孩子温暖和关怀，耐心地教育和帮助，使他们自己认识到这种行为是错误的，从而慢慢地改变这种坏习惯。

叛逆期方法指导

方法一：不要动不动就打骂孩子

自古以来，我国的家庭教育都奉行“不打不成才，棍棒底下出孝子”的训诫，把“打骂”作为一种教育孩子和惩罚孩子的手段。打骂一开始的确会收到立竿见影的效果，可是长久下来，孩子并没有因此变得好些，有的反而变得更坏了。对于孩子恃强欺弱的行为，如果我们采用打骂的办法，不仅制止不了他的行为，反而会使孩子更加反抗和霸道。即使他暂时不再欺负弱小，他也会用其他方式进行捣乱或者恃强凌弱。

孩子有孩子的自尊心，要帮助孩子改正错误，我们应该让其有悔过之心，有改过自新的要求和愿望。对于经常欺负弱小的孩子，我们要耐心地跟他们讲道理，将行为的后果与危害分析给他们听，让他们明白欺负弱小的行为不是开玩笑，不仅会给别人带去伤害，还会使自己失去朋友。同时，我们还要让孩子懂得要多为别人着想，不能只顾自己，或是以自我为中心，别人什么都要听他的。只要他能为别人做一点好事，我们都要及时给予表扬和鼓励。

如果孩子屡次欺负弱小，拒不改正错误，我们也应适当加以惩罚，如取消他们喜欢的活动，或没收他们最喜爱的玩具等，以示惩戒，从而帮助他们纠正不良行为。

方法二：利用生活小事培养孩子的爱心

苏联教育家苏霍姆林斯基说过："只有当儿童不是从理智上，而是从内心里体会到别人的痛苦时，我们才能心安理得地说，我们在他们身上培养出了最重要的品质，那就是对人的爱。"有爱心的孩子一般不霸道，不恃强凌弱，宽容心强。这些孩子会赢得同伴和大人的喜爱和赞赏，在以后的生活中可以获得更多的机会，更能与自己的亲人和朋友形成亲密的关系。

曾经看到过这样的一个例子。说的是有位小朋友过七岁生日，他带了一个蛋糕去班上庆祝。大家都排好队，等老师将蛋糕一块一块地分给大家。当分到其中的一位女学生荣荣时，荣荣问老师："我可以把自己的那份蛋糕给躲在一边害羞的洋洋吗？"老师不解地问："为什么呢？"荣荣回答说："洋洋觉得全班没有一个同学喜欢他，而且胆小害羞，所以他不肯来拿蛋糕，只好一个人躲在角落里。假如我拿一块过去给他，并陪他坐一坐，他就不会有这种感觉了。"老师欣然应允，而且对荣荣对同学的关爱之心深表赞许。

孩子只要有了体谅、关心、爱护他人的心理倾向，自然就能拥有一颗同情弱小的爱心。当然，七八岁孩子的认知力比较弱，知识经验少，要培养他们的爱心，我们还要给予适当的引导。比如，当孩子和同伴们在一起玩，出现争吵、打斗、抢玩具等不友好的行为时，我们应教育孩子关心同伴、互相友好谦让，与别的小朋友分享自己心爱的玩具。当孩子去摘公园里的花时，我们要告诉孩子花也有生命，它也会疼，让孩子体会花的感受而去珍惜花的生命，培养孩子的爱心。

方法三：我们自己要做到与人为善

孩子初入人世本是白纸一张，对社会的态度以及为人处世的原则大都是在家庭的氛围中慢慢培养出来的。孩子时时刻刻会把父母作为自己的榜样，父母的一言一行都在潜移默化地影响着孩子。因此，要想自己的孩子能与人为善，不欺凌弱小，父母就要检点自己的言行，与人为善，尽量不要表现出攻击行为甚至于暴力行为，为孩子树立良好的榜样。

比如，与孩子一起过马路时，一起扶扶老人和小孩子；碰上乞讨的老人，大方地施舍一点；在公车上，主动给老人让座；与人产生矛盾时，不大吵大闹，而是耐心说理；遇到比自己弱小的人，要主动给予帮助……虽然这些都是小事，但在孩子的心灵上，却很可能会留下良好的影响，无形之中就培养出了孩子与人为善，不恃强凌弱的习惯。

孩子与小伙伴做“性”游戏怎么办

叛逆期案例

一天，七岁的豆豆和邻居的一个小女孩在客厅里玩，豆豆的妈妈在房间里睡觉。因为有些不放心两个孩子，豆豆妈睡了一会儿，就悄悄地爬起来藏在门后面，想看看他俩在干什么？这一看，让她吓了一跳，原来俩人正兴高采烈地玩着“扮新郎新娘”“过家家”的游戏。

只见那个小女孩头上戴了一块纱巾，豆豆抱着她在她的脸上亲了一下，那个小女孩也亲了一下豆豆，然后“新郎”“新娘”上了床。豆豆说：“我们生个小宝宝吧。”于是那个小女孩把一个布娃娃放在裤腰里，然后取出来说：“我来当妈妈，给宝宝喂奶，你来当爸爸，带孩子玩耍……”

豆豆妈看到这里，也并没有介意，还觉得这两个孩子很可爱。但接下来的事，就让豆豆妈吃惊不小，只见两个孩子又拥抱在一起，然后接吻，大概有七八秒的时间才分开。那个女孩还把手放在了豆豆的膝盖上……豆豆妈看到这里，赶紧跑出来把他们扯开了，并送那个小女孩回了家。

但是对孩子们的这种行为，豆豆妈却不知道该如何干涉，又不能责罚，说又不知道怎么说，这让她很是担忧！

妈妈要懂的心理学："性"游戏是七八岁孩子性意识萌芽的表现，家长要善加引导

我相信，有很多父母都跟豆豆妈一样，见到过七八岁的孩子们玩各种"性"游戏，如扮新郎新娘、生宝宝，玩过家家，扮医生和病人，甚至异性小伙伴之间拥抱、亲吻，等等。大胆一些的小孩，可能会作更进一步的尝试，互相用手触摸生殖器，甚至有交媾的行为。对于孩子们玩"性"游戏，很多父母认为这是一种羞人的事，很难泰然地处理这种事情。他们可能忍耐着不责罚，也不羞辱孩子，但是对于这种行为却不知该如何处理才对。

"性"游戏是以游戏形式出现的孩子的性活动，是孩子性意识发展过程中自然而幼稚的表现。七八岁的孩子，受好奇心的驱使，渴望通过自己的观察与理解来认识性，他们对同性和异性同伴的身体开始感兴趣，想看一看同性孩子的生殖器是否与自己一样，异性孩子的生殖器究竟与自己有什么差异。为了达到此目的，他们便借助玩"性"游戏来满足自己的欲望，比如，公开地或偷偷地看异性小便，或者进行此类的"尿尿"大赛，比"小鸡鸡"大赛。但孩子们也知道这种游戏是不好的"秘密"事，常常偷偷地进行，关上门不让大人看见。当然，谈及此事他们也会窃窃私语，甚至心中感到忐忑不安等。

孩子成长的过程是一个不断探索外部世界和自身世界的过程，孩子对性的探索也是他们探索未知世界的一部分。七八岁孩子的"性"游戏，反映了他们模仿周围成年人的生活方式，渴望了解人体构造的倾向，是一种正常的心理现象。我们不能以"大人之腹"度"孩子之心"，也没有必要将这一类问题复杂化。他们没有想过有什么意义，游戏纯粹是游戏，并没有真正的性动机。总之，我们只有正确认识孩子的“性”游戏，才能更好地引导和教育孩子。

叛逆期方法指导

方法一：以平常之心对待孩子的“性”游戏

当我们发现孩子们在地下室玩医生和病人的游戏，或是在隐蔽的地方一起小便，或者在一起商量“你要是让我看你的，我就给你看我的”时，一定不要反应过激，要以孩子之心、平常之心对待他们的“性”游戏。如果我们大惊小怪，或者对孩子批评责罚，反而会增强他们的好奇心和逆反心理，使他们产生更加强烈的“性”活动欲望。

有这样一个例子。七岁的小男孩冬冬在和一个同龄女孩玩“性”游戏时，用手摸弄那个小女孩的阴部，结果将阴部抠破了，晚上回家后女孩说屁股痛，妈妈一看，原来是女儿的阴部受伤了，于是问女儿到底发生了什么事，女儿支支吾吾地把实情告诉了妈妈。

第二天，女孩的父母带着孩子找到学校，也找到了冬冬的父母，当冬冬的父亲听到这个事情后，顺手就给了儿子几个耳光，还大骂了一顿，女孩在一旁吓得大哭。

其实，满足孩子对异性身体的好奇心，有利于他们今后性心理的发展，因此，对于孩子的“性”游戏，我们不要大声呵斥或严厉责罚，而是应心平气和地耐心告诉孩子为什么不该这样做。告诉孩子，男女身体是不同的，要重视自己和别人的身体，自己的身体不能让人随便触摸，也不能随便摸别人的身体。如果喜欢别人，可以采取其他表达喜爱的方式，如送一个玩具或和她一起玩等，用这种方式来教育孩子，才能保证孩子的身心健康成长。

方法二：转移孩子的注意力

当我们发现孩子在游戏活动中出现“性”游戏时，要正确引导并设法找出孩子感兴趣的内容或话题，将他们的注意力吸引或转移过去。

一天下午，七岁的华华和隔壁的一个小女孩在院子里一块儿玩耍，两位妈妈在一边聊天。刚开始，两个小孩子并没有什么，只是一起玩而已，但过了一会儿，俩人却抱在了一起，还互相亲吻对方的脸蛋。华华的妈妈一看，着急了，大喊起来：“你们俩在干什么？怎么一点都不害臊！”没想到，两个小孩子却理直气壮地说：“我们看见大人都是这样的，我们是好朋友，怎么就不可以？”

华华的妈妈正要发火，小女孩的妈妈则小声说：“不要这样制止他们，这样反而会适得其反，把他俩的注意力岔开就行了。”只听小女孩的妈妈说：“华华，前几天你不是买了一个新滑板车吗？拿出来给好朋友看看啊！”华华一听，马上和小女孩分开，跑到屋里拿新买的滑板车去了。

当我们在遇到孩子之间有亲密行为，或孩子单独一个人在玩弄自己的生殖器时，转移他们的注意力是非常好的办法之一。比如，两个孩子在玩“性”游戏时，我们可以这样说：“你爱看的动画片要开始了，还不去看！”“我买了好吃的东西回来，你还不去冰箱里拿”……当发现孩子玩弄性器官时，我们可以这样说，“请你拿某某东西来”或“我们来玩某某游戏”，以转移孩子的目标。

另外，我们还要丰富孩子的生活，培养孩子的爱好，如唱歌、画画、弹琴、练书法、打球等，这样，孩子也就自然地不会把兴趣只集中在人体方面。还可以鼓励孩子与大家交朋友，在交往中，孩子看到的是众多的优点的集合，如开朗的性格、乐观的态度。这样，他们就不用幻想和谁独自相处，每天都与他（她）在一起，每一个他（她）都能给予自己很多帮助。如此一来，就会消除异性之间的神秘感。

方法三：给孩子讲解性知识

心理学中有一个现象叫“禁果效应”，指的是越是禁止的东西，人们越要千万百计地得到手。有一句谚语：“禁果格外甜，”说的就是这个道理。在家庭教育中，我们常常会遇到这样的情况，一位妈妈对两岁多的孩子说：“不要扔奶瓶啊。”结果孩子听后马上“啪”地把奶瓶扔了。“不要把玩具放进嘴里！”孩子听后马上把玩具塞进嘴里。妈妈的“不要”最后都成了提醒孩子“要”。为什么会这样呢？因为大人对孩子的威胁，只能诱发孩子的挑战性，并最终以反抗大人意志的行动，来证明自己并不是胆小鬼。

“禁果效应”告诉我们：如果对被禁止的事情掖着捂着，孩子反而会寻根究底闯禁区，探个究竟试试看。因此，在性教育方面，我们不要对孩子躲躲闪闪，应该大大方方地回答孩子提出的有关性的困惑；否则，只会使他们感到更神秘，从而加重他们的好奇心。

在孩子七八岁时，我们在平时就应该对孩子进行适当的性教育，给孩子讲一些简单的生理卫生知识，消除孩子对异性的神秘感。我们可以利用孩子如厕、洗澡、穿脱衣服等机会，告诉他们人体器官的名称，告诉他们男女性别的差异，指出人体的哪些部位不能给别人看或者摸。自己不应随便看或摸别人身体的哪些部位。

在与孩子一起洗澡时，如果孩子问：“爸爸，你的鸡鸡为什么比我的大？”我们可以和孩子比手掌，“如果你的手掌跟爸爸的一样大，你的鸡鸡就会跟爸爸的一样大了。”如果孩子问：“妈妈，为什么你的‘奶奶’比我的大？”我们可以回答：“因为女生长大结婚后，要生小孩，还要喂奶，所以女生变大，‘奶奶’就会长大”……如果能让孩子对异性器官有初步的了解，将有助于减少孩子的好奇心，减少他们对性的自我探索的行为。

第七章

规范引导，让孩子乐过童年

痴迷于看电视是孩子的共性

叛逆期案例

刚上小学二年级的刚刚是个超级电视迷，早上醒来脸不洗、牙不刷，拿着遥控器摁个不停，甚至吃饭的时候也要坐在电视机前，一边看一边吃。每天放学回家，别的什么事都顾不上做，书包一扔就把电视打开“过把瘾”，而且看起来没完没了，“忙”得饭都顾不上吃，非得把爱看的动画片、连续剧都看完了才写作业。爸爸妈妈催他，他嘴上说这个连续剧看完了就不看了，结果这个完了下个又开始了。经常因为看得太晚，早上上学起不来，睡眠不足上课没精神。如果爸爸妈妈要是生气把电视关了，他便会大吵大闹，一直吵到父母认输重新打开电视为止。

有一次，妈妈在班上突然接到老师的电话，问她小刚怎么今天没来上学，是不是生病了？妈妈心里一惊：怎么会呢，我早上亲自送他到学校啊？这小子跑哪儿去了？不会溜回家看电视吧？妈妈赶紧跟老师说，她马上去找找。接完老师的电话后，妈妈火速赶到家里，推开门一看，好家伙，这小子果然躲在家里正在津津有味地看着动画片。

对于这个痴迷于电视的儿子，妈妈很是着急，又不能强制不让他看，思来想去却不知怎么办才好。

妈妈要懂的心理学：七八岁的孩子无法拒绝那些五彩缤纷、丰富多彩电视节目的诱惑

在生活中，像刚刚妈那样，因为孩子迷恋电视而烦恼的父母不在少数，他们有时甚至想把电视送给别人，这样就不必操心孩子看电视的问题了。据调查，电视是我国孩子花费时间最多的娱乐方式。有的孩子放学一进家门就守在电视机前，一看就是几个小时，作业也不认真完成，就连吃饭都手捧饭碗边吃边看，要是强行给他关掉电视，他总是一副不情不愿的样子，有时甚至还大吵大闹……

面对孩子对电视的痴迷，很多父母既忧心忡忡，又疑惑不解——电视到底有什么魔力，让孩子如此迷恋呢？七八岁，是人一生中最好奇、最好模拟、最好学习的阶段。电视节目多以画面为主，直观、形象、变化多端，色彩斑斓，这些特点很能迎合七八岁孩子的心理，是许多孩子无法拒绝的一种诱惑。

现在大多数的孩子都是独生子女，没有玩伴，忙碌的父母也没有过多的时间来陪伴孩子，于是，电视就成了孩子的玩伴和保姆，也替代了独生子女的兄弟姐妹。电视其实也是孩子们的“降压器”，现在的孩子学习压力都比较大，而且生活也都很单调，看电视时，没有任何压力，也不用动脑筋，可以给自己带来轻松愉悦的心情。

孩子经常看看电视，不会有坏的影响，但一旦沉迷于其中，无休止、无选择地看电视，其危害就会成倍增长。过分痴迷电视，不但会影响视力、睡眠和学习，一些不健康的、消极的电视内容，也会给孩子的心灵带来伤害。因此，一定要采取科学合理的方法，帮助孩子改掉不良习惯，给孩子一个轻松健康的成长环境。

叛逆期方法指导

方法一：转移孩子的兴趣

其实，很多时候，孩子是因为没有自己真正的兴趣爱好，才会迷上看电视的。因此，我们要用心去发掘并引导孩子走向他的兴趣所在，要使他们明白：除了电视，世界上还有许多有趣的事物。

磊磊今年七岁，上小学一年级，平时最爱看电视，尤其是动画片，就连吃饭的时间也不放过。看到儿子对电视痴迷到这种程度，妈妈尤为担忧，为了让孩子离开电视，一个和电视“争”儿子的计划悄然实施。

妈妈首先控制了磊磊看电视的时间，对此儿子提出强烈抗议，大吵大闹，甚至以不吃饭相威胁。妈妈早料到儿子会来这一招，于是就以小恩小惠来诱惑他，比如给他买喜欢的小乌龟、彩笔、贴纸、陀螺等。儿子自然挡不住诱惑，渐渐地接受了妈妈的要求。

因为磊磊喜欢画画，于是妈妈便利用儿子的这一特点，让他画一画他喜欢的人物形象。这个建议儿子也欣然接受了，英勇的奥特曼，聪明的喜羊羊，在他的笔下栩栩如生，非常惹人喜爱。渐渐地，磊磊就把看电视的兴趣转移到了画画上。

磊磊妈的做法的确令人称道，儿子在迷上电视后，她并没有对其进行简单粗暴地惩罚、禁止孩子看电视，而是想方设法将孩子的兴趣转移到了画画上，使儿子摆脱了对电视的迷恋。其实，除了电视之外，还有许多活动对孩子都有吸引力，比如，我们可以和孩子一起玩玩游戏、唱唱歌、跳跳舞，哪个孩子能抵抗得住猜谜语、下跳棋、捉迷藏等游戏的诱惑呢？当然，我们最好能抽出时间，在假期安排一些户外运动，如逛公园、登山、划船、放风筝、游泳等，给孩子提供广阔的活动空间，把他们从电视机前拉开。

另外，陪孩子看看书，也是转移孩子注意力的一个好方法。比如，孩子喜欢某个动画片，我们可以找来与此动画片相关的书籍，让他们发现阅读可以更好地了解剧情。孩子在阅读的过程中，最好能和他们一起讨论剧情，让他们想象一下，如果自己是主人公，会怎样处理某件事，如果自己是作者，又会怎样处理某段剧情等，这样，孩子就会发现纸质阅读的乐趣，从而爱上阅读。

方法二：控制孩子看电视的时间

据调查，很多七八岁的孩子在没有人监管的情况下，可以连续看电视七八个小时，有的甚至更多。因此，我们要适当安排好孩子看电视的时间，合理排出他们学习、休息、看电视的作息时间表。

比如，规定孩子每天完成作业后，可以看半小时电视。如果有特别的运动赛事、经典的电影，而他又特别感兴趣，可以适当延长一点时间。周末和寒暑假也可以适当延长孩子看电视的时间。如果哪天晚上作业比较多，做完作业时间会太晚，我们可以将孩子最喜欢的电视节目录下来，等他们有时间时再看。

如果孩子实在是想多看一会儿电视，那也行，但是时间必须要让他们自己挣。我们可以给他们定下规则：比如，如果完成了一件有创意的事情，他就可以挣得20分钟的看电视时间；如果阅读了一本好书，他就可以挣得30分钟的看电视时间；如果按时完成了家庭作业，他就可以挣得10分钟的看电视时间……他所挣得的时间可以在假期兑现，也可以在当天晚上兑现，当然前提是他必须做完当天的家庭作业。

方法三：我们要先管住自己

有些父母自己就是一个电视迷，因而对孩子也管得不严。俗话说："上梁不正下梁歪。"七八岁的孩子，年龄毕竟还小，自控能力较差，如果父母天天都迷在电视上，要看到“再见”为止，孩子怎能经得住诱惑。因此，要想让家里少一个小电视迷，我们要先管住自己。

云云上小学二年级了，学习成绩属于中下游水平。他妈妈说，儿子之所以成绩不理想，就是因为太迷恋电视了。放学一回家，第一件事情就是打开电视，而且一坐就是一两个小时，有时候连作业都忘了做。当然，这也要怪她自己，因为儿子爱看电视的习惯，都是她给培养出来的。

在云云读一年级的时候，有一段时间妈妈因为失业，在家没什么事情可做，于是天天在家看电视，以打发时间。云云只要在家，也会陪在妈妈身边一起看，因为当时心情也不太好，妈妈也并没有过多限制孩子，也就由着他看，有时候自己看到深夜，儿子也跟着看到深夜。但令妈妈没想到的是，自己上班之后，家里却多了一个小电视迷。

真是应了那句话：孩子的坏习惯都能从父母那里找到发端。要想孩子不迷恋电视，我们就应该以身作则，改掉“电视依赖症”。吃饭时，不要端着饭碗坐到电视机前；晚上，我们可以看看书，和孩子一起玩一玩；双休日，我们安排一些活动，比如健健身啊，和朋友聚一聚啊，总之不要让自己闲下来，因为人一旦闲下来，就会不由自主地打开电视机。

榜样的力量是无穷的，没有一个孩子会在父母沉迷于电视时，自觉摆脱这种诱惑。如果我们在看电视时，叫孩子走远点，那么他们一定会不满地抱怨：“这不公平！你们大人能看电视，为什么不让我看！”

方法四：让孩子告别电视“依赖时段”

我们可以细心观察一下孩子何时会对电视形成依赖。一般来说，做晚饭时，父母睡觉时，双休日忙于家务时，是孩子对电视形成更深依赖的“关键时段”。这几个时段，不妨让孩子同我们一道忙碌忙碌。

比如做晚饭时，让孩子择菜、洗菜、打打鸡蛋等，这样既可以提高孩子对晚饭的期待和食欲，也有利于摆脱对电视的依赖。打扫屋子时，让孩子收拾一下他的房间，整理一下他的图书和玩具，这不仅有利于孩子自理能力的养成，也可以让孩子暂时不去想电视。

总之，养成一家人一起“行动”的习惯，是防治孩子过分依赖电视的关键。

孩子迷恋上网要耐心疏导

叛逆期案例

文文原来是个很听话的孩子，学习成绩也不错，深受老师和同学的喜爱。文文的父母自己开了一家公司，工作非常忙，很少有时间照顾文文，家里的日常生活基本上都是由保姆阿姨打理。文文在升入三年级以后，经常需要上网查资料，但父母也没有太多的时间帮他查，于是就给家里安装了宽带，让文文自己上网查。

文文在接触网络以后，一下子就被网络的新奇吸引住了。只要一有时间，他就泡在网上，刚开始还会查查资料，但最后，大多数的时间都用于看动漫和玩游戏。结果，一学期下来，文文的视力直线下降，学习成绩也是一落千丈，精神状态更是大不如前。当文文的父母从保姆阿姨那里了解到，他是因为沉迷于网络才导致如此，于是决定开始对他上网一事进行严格管制。

妈妈要懂的心理学：七八岁的孩子自制力差，容易沉迷于五彩缤纷的网络世界

对于网络时代的孩子来说，网络是一件不可多得的工具和朋友，很多孩子利用网络学习了知识，开发了潜能。但是，互联网是一个“没有警察的大都市”，是开放的，对于情感发育不健全，价值观、道德观没有完全形成的七八岁孩子来说，经常游走在网上的危险性是不言而喻的。就跟例子中的文文一样，因为无法经受住诱惑而沉迷于网络，在游戏中乐而忘返，耽误了学习。

七八岁的孩子之所以容易沉迷于网络，是因为年龄小，自制力差，网络上虽然有名目繁多的学习资源，但同时也有令人目不暇接的卡通节目，让人流连忘返的各种游戏，充满着诱惑和吸引，七八岁的孩子一旦接触，是很容易沉迷其中的。

同时，很多父母忽略了孩子的情感需求，亲子相处时间过少，再加上对孩子管教过严，使他们缺乏与同龄伙伴的接触和交流，导致他们的情感世界呈现空白或真空状态，而网络恰好为他们提供了寄托感情的虚拟空间。故事中的文文，正是因为父母对他关心、关注和督促的不够，才使他最终沉迷于网络，而且父母无暇顾及也给了他沉迷网络的时间。

有一个三年级的孩子曾很直率地说过：“空余时间不上网，我能做什么呀？在学校学习压力已经够大了，回到家后还不让出门，电视也不给看，爸妈只知道要求我们做作业，看书，学校也不组织活动，我们的生活多枯燥啊！”

此外，也有些父母对孩子的期望过高，使孩子的学习压力越来越大，结果导致孩子在心理上无法承受，最后便借助上网逃避压力，从而沉迷于网络。

网络本身并不是洪水猛兽，我们也无须“谈网色变”。对于沉溺于网络的孩子，我们也不是必须采用强制的方法，关键在于如何引导、教会孩子以健康的心态理智地面对网络，学会用网络开发自己的智力、促进自己的学习，让网络真正成为

帮助他们成长的良师益友。

叛逆期方法指导

方法一：疏导而不堵截

很多父母发现孩子沉迷于网络后，总是采用强制的方法，或是对着孩子大发雷霆，或是把宽带给断掉，或是给电脑加上锁……但最后却发现，这些“硬”招似乎起不了多大的作用，有的孩子反而是管得越紧，上网也越凶。家里不让上网，那就跑到网吧去上；限制我零用钱，那就到处借债去上网；关我的禁闭，那放出来后，就逃学来上网……

孩子最反感的就是父母一味粗暴地反对他们的所有娱乐。七八岁的孩子有强烈的好奇心、最爱追时髦，让他们完全对网络免疫是不可能的。我们前面就提到过心理学上所说的“禁果效应”，我们越限制甚至禁止他们上网，他们越会对上网有兴趣，越不会听我们的。因此，对于爱上网的孩子，我们与其堵截，还不如进行疏导。

我们要对沉迷于网络的孩子多一些关爱和理解，找到他们迷恋网络的真正原因，从而有针对性地进行引导。如果孩子是为了逃避过高的压力而痴迷于网络，我们就要适当降低对孩子的期望，让他们更多地感受到家庭的温暖；如果孩子是因为在学习上遭受到挫折而迷恋网络，我们就应该给孩子多一些鼓励，让孩子多一些成功的体验……

为了更好地引导孩子，我们可以让孩子带着一定的学习任务去上网。比如，让孩子对某一新闻发表一下自己的看法，让孩子阅读一篇优秀的文学作品，让孩子收集一些相关的学习资料，等等。总之，不能让孩子把上网仅作为娱乐自身与放松心情，满足兴趣及情感需求的一个手段。

方法二：做孩子上网的良师益友

据中国青少年心理成长中心的一项调查表明，有54%左右的家长对网络一无所知。“教育者要先受教育”，因此，要想防止孩子沉迷于网络，我们首先要掌握一定的网络操作方法。只有这样，才能与孩子一起分享上网的体验与感受，才能对孩子在上网过程中碰到的难题给予帮助。如果我们经常和孩子进行网络交流，他们就会觉得我们与他们在网络上是有许多共同语言的，心里就不会排斥我们，那么，在他們上网的问题上，就能增加我们作为家长的发言权，不容易引起他们的对立和反抗。

当妈妈接过小辉递过来的期中考试成绩单时，顿时大吃一惊，成绩怎么下滑得这么厉害，二年级期末考试的成绩还很不错啊，怎么短短几个月的时间，就出现了惊天大逆转。问小辉是什么原因，小辉也说不上来。于是妈妈又去问小辉的老师，老师说：“小辉的成绩一直是很不错的，但从这学期开始，上课的时候经常魂不守舍，有同学说，他好像是迷上了网络游戏。”

小辉的妈妈这才恍然大悟，难怪儿子每天一放学就钻进自己的屋里不出来，我还一直以为他是在学习呢，原来是在上网玩游戏！给他买电脑，本来是为了促进儿子学习的，没想到反而耽误了学习。想到这里妈妈非常生气，于是立刻把小辉房间的电脑搬了出来，准备再也不给他用了。

第二天，小辉妈妈的情绪渐渐平静下来，她又对此事进行了冷静地思考，电脑对孩子的学习其实也有很大的用处，关键是在于如何引导他，而自己在给孩子买了电脑后，就一直是放任不管，其实自己也有一定的责任，以后再也不让孩子用电脑，可能并不是最好的解决方法，甚至还会引起孩子的逆反，得不偿失。

当天晚上，妈妈把小辉叫到身边对他说：“任何事物都有两面性，网络也是这样，利用好了，它便是一个学习的好帮手，利用不好，它便是一个学习的拦路虎。如果你以后能利用好它，多把它用在学习上，我就不反对你上网。”听完妈妈的话，小辉也承认了自己的错误，不该因为上网而耽误学习。于是，妈妈给小辉订立了上网的规则，一是要严格控制上网的时机和时间，二是要带着学习任务去上网。从此，小辉对上网有了正确的认识，逐渐摆脱了对网络游戏的迷恋，学习成绩也是芝麻开花——节节高。

七八岁的孩子在许多方面是不成熟的，我们要借此基础做好他们上网的引路人。网络中的东西五花八门，他们无法进行很好地甄别与筛选，这时，我们就要引导孩子选择有利于他们健康成长的网站，防止他们受到不良信息的侵袭。当然，孩子有时候可能因为在网上玩得起兴，就把别的事情给忘记了，因此耽误了学习，或影响了健康，这时，我们就要及时提醒，以防他们玩物丧志。

其实，只要我们能够对孩子晓之以理，动之以情，相信他们是能够正确利用网络的。

方法三：关注孩子的现实生活

很多孩子之所以沉迷于网络，是由于他们在现实生活中没有感觉到满足和快乐，有的孩子因为成绩不好，经常受到父母或老师的埋怨；有的孩子因为没有处理好与同学的关系，经常受到大家的排斥；有的孩子因为父母关系不和睦，经常处于极度的恐惧和不安之中……为了排解心中的不快和寻求心理慰藉，许多孩子便转而投向了虚拟的网络世界。因此，要想把孩子从网络中拉出来，我们必须要关心孩子的现实生活，如果他们在现实生活中得到了满足感和快乐，就不会沉迷于网络而不能自拔了。

要引导孩子多参加一些集体活动，鼓励他们和同龄的孩子交往，比如为孩子举办生日宴会，周六周日带孩子一起上街，到一些他们喜欢的地方玩一玩，让他们享受到真实交往的乐趣，认识到网络只能提供虚拟的安慰，真正的快乐是来源于生活的。

我们还可以为孩子寻找一个有效的替代物，也就是指那些能够真正引起孩子的兴趣、孩子自己真正喜欢做的事情，来转移他们对网络的注意力，带他们走出虚拟的网络世界。我们没有必要把目光仅仅局限于孩子的学习上，只要是他们喜欢的事，只要是他们感兴趣的事，比如踢球、唱歌、下棋、画画、与同学一起玩，等等，都可以选择。孩子在现实生活中找到了他们的兴趣爱好，网络对他们的吸引力就会逐步降低，久而久之，孩子就会从虚拟的网络世界中走出来。

方法四：必要的控制也不可少

毕竟，七八岁的孩子的自制力是有限的，即使我们告诉了他们沉迷于网络的不利影响，他们也已经知道了迷恋网络的坏处，但有时候就是控制不住自己，只要一有机会就会扑在网络上。因此，要想从根本上杜绝孩子的网瘾，我们还是有必要对他们采取一定的控制措施。

如果家里有条件上网，尽量让孩子在家里玩，不要让他们去那些鱼龙混杂的网吧。我们最好把电脑放在客厅等家中公共的场所，这样，我们就能随时监控孩子的上网情况，有父母盯着，他们也就不会毫无限制地上网了。

对于孩子每天上网的时间我们也要进行限制，比如不能超出多少多少，当然具体时间的长短可以根据孩子的具体情况。不过要注意的是，我们不要一下子就提出很高的要求，那样的话孩子不容易做到，要讲究循序渐进，逐渐缩短他们的上网时间，最后控制在合理的范围内。

同时，我们要做孩子的好榜样，不沉迷于游戏和交友聊天。如果我们自己不是在网上搜索有用的知识和信息，而是沉迷于网络不能自拔，那么，又如何能要求孩子不迷恋于网络呢？

偶像为何让孩子如此着迷

叛逆期案例

八岁的希希自从迷上动画片《奥特曼》以后，每天晚上都会守在电视前看，一个台播放完后，他就换台找，找不到便又哭又闹。为了哄住儿子，希希的妈妈就干脆买回来一套《奥特曼》的光盘，让儿子过瘾。希希每天早上起床后，第一件事就是放碟片看《奥特曼》，甚至在吃饭时，眼睛都盯着屏幕，直到妈妈再三催促，他才恋恋不舍地赶去学校。

《奥特曼》的光盘他反复看了一遍又一遍，不仅如此，连玩具、衣服、鞋子也非“奥特曼”系列不可。希希以前并不是很爱说话，性格比较内向，但迷上“奥特曼”后，就变得十分好动，经常模仿“奥特曼”在家里“飞”来“飞”去，把沙发、书包当“怪兽”打。而且，他还常常在学校装成奥特曼舞枪弄棒，争强好斗，总是把看到的人当成奥特曼的敌人——怪兽，进行“铲除剿灭”。

因为太过顽劣，老师向希希的妈妈频频告状，妈妈知道是“奥特曼”惹的祸，于是采取了多种手段来治希希的“奥特曼瘾”，教育、断电、藏光碟……但希希却又哭又闹，妈妈总是败下阵来，这让妈妈忧心不已："这个奥特曼真是害人不浅啊，现在可怎么办？"

妈妈要懂的心理学：七八岁的孩子都有一种英雄情结，他们希望像偶像那样具有超能力

如果我们问七八岁的孩子们，你们最崇拜谁啊？最喜欢的偶像是哪个啊？我相信，大部分的孩子都会说"奥特曼""蜘蛛侠""铠甲勇士""超人"等。除了要看这些偶像的节目之外，他们还会要买这些偶像的玩具，即使穿衣服、穿鞋也要有偶像们的标志才行。最重要的是，他们还会模仿这些偶像的行为、动作，整天打打杀杀，甚至还幻想着自己也能像奥特曼、蜘蛛侠、超人一样，在空中飞来飞去。这些疯狂的举动，让许多父母担心不已。

为什么七八岁的孩子会迷恋奥特曼、蜘蛛侠等偶像呢？其实，在某阶段迷恋某个人物或某件事，对于孩子来说是正常的心理现象。因为他们正处于想象力旺盛和好奇心高度敏感的时期，当看到奥特曼、蜘蛛侠、铠甲勇士能够如此"厉害"而且无所不能时，心中便充满了无限的向往和崇拜，并因此而被深深地吸引住了。他们希望自己也能像奥特曼、蜘蛛侠这些英雄一样，具有神奇的力量。

父母对孩子的过多保护和照顾，也会导致他们迷恋奥特曼、蜘蛛侠、铠甲勇士、超人等这些拥有超能力的人物。因为父母的过多保护和照顾，会让孩子们失去很多自由，尤其是那些独生子女，会因为失去自由而感到更加孤独和压抑。而当他们在看到奥特曼、铠甲勇士等勇往直前、不畏强敌时，他们似乎会觉得被带到了一个充满幻想的世界，再加上激烈的打斗场面，这在一定程度上帮助他们宣泄了压制已久的情绪。

迷恋奥特曼、蜘蛛侠等这些偶像，归根结底还是因为七八岁的孩子心智发展不成熟。对于自己喜欢什么、追求什么，他们的内心并不清楚。奥特曼、蜘蛛侠等偶像最先吸引他们的是表面的东西，而通过表面的现象就陷入疯狂的迷恋状态，就是一种不成熟的表现。

对于孩子迷恋偶像的问题，我们不要强行制止，以免产生反作用，要理解他们并及时正确地加以引导，以免对他们的生活和成长造成不良影响。

叛逆期方法指导

方法一：不宜简单粗暴地制止孩子迷恋偶像

很多父母不去研究孩子为什么会迷恋偶像，而是采取简单粗暴的制止方式，对孩子进行责骂甚至殴打，想达到使孩子放弃偶像的目的。但实际上，这种粗暴的制止，不仅不会让孩子放弃迷恋偶像，反而会遭到孩子的反抗，使他们变本加厉地比以前更加崇拜自己的偶像——你越不让我喜欢，我越要喜欢！我就是喜欢奥特曼、铠甲勇士……

因此，要解决孩子过度迷恋偶像的问题，我们首先必须要承认偶像对他们来讲是一种必要。如果孩子在这个世界上没有佩服和迷恋的人，那么他一定是一个自大的人，他会认为全世界只有自己是最棒的。其实，我们要以正确的态度去引导孩子看待自己的偶像。如果他们因为迷恋奥特曼、铠甲勇士等偶像后变得有暴力倾向，我们就要跟孩子讲道理，帮助他们树立正确的是非观念，让他们能看到好的一面，从而减少不良影响。

我们还可以大大方方地和孩子一起研究他们的偶像，孩子都喜欢模仿，那么就干脆来个“模仿秀”，如果孩子喜欢奥特曼，那就扮一扮奥特曼。总之，通过偶像来锻炼孩子的其他能力，也是一个不错的方法。因为孩子对自己感兴趣的东西，一般都是学得很快的。

方法二：和孩子一起看看他喜欢的偶像剧

如果孩子迷恋奥特曼，但我们对奥特曼的剧情一无所知，空口说教，即使我们说得再有道理，也很难令孩子信服，他会明显地感觉到不公平。因此，如果我们要想更好地引导孩子，应该抽时间看一看孩子喜欢的偶像剧，最好是和孩子一起看，这样可以对他们进行随机教育。

当孩子喜爱做某件事情时，是非常希望父母参与的，因为他们也渴求来自父母的关注和理解。只有和孩子一起看，我们才能知道奥特曼、铠甲勇士有何惊人之处，才能有针对性地跟孩子交流。即使我们对奥特曼、铠甲勇士如何地不屑，也不要一味地进行批判，这样孩子会非常反感，甚至有可能与我们发生冲突。与其把重点放在对奥特曼、铠甲勇士的“攻击”上，不如发掘奥特曼、铠甲勇士的优缺点，转而教导孩子什么才是真正的正义和勇敢，防止孩子盲目崇拜。

比如，当孩子看到暴力场面时，我们可以说：“奥特曼力气真大，但他只会打怪兽，不会打人。”“蜘蛛侠非常勇敢，被坏人打倒后，他都能再爬起来……”还要告诉孩子，拳头解决不了任何问题，要和小朋友和睦相处。孩子分不清现实与虚构时，我们可以说：“奥特曼（超人）拥有超能力，可以飞，我们不能，所以我们不可以从很高的地方往下跳。”“怪兽只在电视上有，生活中不会有……”

总之，应该让孩子明白，可以把奥特曼、铠甲勇士当做偶像，但绝不可能像他们那样无所不能。

方法三：转移孩子的注意力

可以利用七八岁孩子注意力易分散、易被新鲜东西吸引的心理特点，把孩子的注意力从其坚持的事情上转移到其他有趣的物品或事情上。比如，我们可以让孩子玩积木、玩沙子、画画、做游戏等，还可以带孩子去看看电影、参观博物馆，或外出旅游，使孩子的注意力由单纯地迷恋偶像转移到其他生活内容上来。

果果是小学一年级的学生，很聪明，成绩也不错，就是有一点让他妈妈比较头疼——果果超级喜欢奥特曼，近乎于痴迷。只要有空，他就坐在电视机前翻来覆去地看奥特曼的片子，从来就不知道厌烦，有时还拿着棍啊、棒啊学奥特曼打怪兽。

为了让果果不再迷恋奥特曼，妈妈想了很多办法，但最后都没有什么实际的效果。直到有一天，果果像往常拿着一个卡通玩具棒忙着打怪兽，妈妈发现他拿的那根玩具棒上画着孙悟空，于是妈妈指着玩具棒上的孙悟空问他："你知道这个人是谁吗？""当然知道，这是孙悟空，他可厉害了！"妈妈继续问儿子："真的吗？那你能讲出哪些故事证明他很厉害呢？"果果顿时哑口无言了。于是，妈妈从书柜里拿出一本儿童版的《西游记》对他说："答案都在这本书里，你看完了之后再来告诉我吧。"

几天之后，果果给妈妈讲了"齐天大圣大闹天宫""孙悟空三打白骨精""孙大圣大战牛魔王"等故事，听儿子一下子讲了这么多，妈妈知道儿子认真看了书。此时，妈妈却欲擒故纵，对儿子说："《西游记》里还有很多故事呢，不过你还是先去看电视吧，奥特曼要开始演了。"果果急忙说："不，不，我今天要看'孙悟空大战红孩儿'！"妈妈窃喜，看来，儿子已经喜欢上这本书了。

为了进一步调动果果读书的兴趣。妈妈不仅给予儿子鼓励和肯定，还经常和儿子一起读书，一起写读后感，读完了《西游记》读《三国演义》，读完了《三国演义》读《水浒传》……阅读给果果的生活增添了许多快乐。至于奥特曼，早就"失宠"了。

孩子和大人一样，无所事事才会迷恋这个、崇拜那个，生活充实了，有了足够的玩具、图书，自然不会单纯地迷恋奥特曼、蜘蛛侠、铠甲勇士和超人了。

孩子偷钱买玩具该怎么办

叛逆期案例

有一次，杨女士因为打算为家里买一台冰箱，就把平时放在家里的现金拿出来点一点，谁知“不点不知道，一点吓一跳”，现金竟然平白无故少了200多元。于是马上打电话问丈夫，丈夫说没拿过。放钱的地方，除了杨女士夫妇，就只有儿子知道，家里也没有来过小偷，钱怎么就不翼而飞了呢，难道是自己记错了？

当天晚上，杨女士无意间在儿子房间里发现了一个新玩具，心里就纳闷：“孩子哪来的钱买新玩具？不会是偷家里的钱买的吧！”最后在杨女士的一再追问下，儿子终于承认：他偷了家里的200多元钱，这些钱都用来买玩具了，还有一些他不敢带回来，放在同学家了。

为了让孩子记住这个教训，杨女士狠狠地责罚了儿子一顿，但没有想到的是，孩子并没有因此而收手，反而愈演愈烈，一有机会就会偷，偷的钱也全都用来买了玩具或其他物品，儿子似乎对这些意外收获乐此不疲。杨女士和丈夫只能把钱随身带着，即便放在家里，要是不防着，有时候也会被他翻走。

为了纠正孩子的恶习，杨女士和丈夫费尽了心思，道理讲了不知多少遍，打也不知打了多少遍，但最后都没有起到什么作用。这让杨女士很是担忧，儿子才八岁，这么下去可怎么办啊？

妈妈要懂的心理学：七八岁的孩子偷钱买玩具很多都是受从众心理的影响

在生活中，像杨女士的儿子一样，经常偷钱买玩具的孩子有很多。有的孩子今天妈妈给他买了玩具，明天他还想要，后天看到其他同学有了新玩具，他又要纠缠着买，就这样不停地买玩具，因为买的次数太多，父母不得不予以拒绝。父母不给买了，自己又没有钱买，怎么办，就只有悄悄偷家里的钱买了。有的孩子即使被父母发现而受到责罚，也会因为无法抵挡玩具的诱惑而再次“作案”，这令很多父母甚为担忧。

那么，七八岁的孩子为什么会这么爱买玩具呢？其实，很多孩子是受到从众心理的影响，他可能并不是真的很喜欢某个玩具，而是同学们都在玩，如果自己不玩感觉有点无法跟同学们相处，出现这种情况的根源就是他们对自己不自信，怕因为自己与别人的不同而受到排挤。还有的孩子认为，最新、最好的玩具不仅能让他们更开心，还可以在同学中更有威信。但是，有些玩具父母肯定不会给自己买的，所以他们就想到了偷。

另外，父母对孩子的情感缺失会让孩子对玩具形成依赖。有些父母因为工作比较忙，没有时间照顾孩子，为了不让孩子孤独，就会买一些玩具来陪伴孩子，结果孩子一回到家就与玩具为伴，减少了与外界接触交往的机会，这样他们会越来越孤独，越来越烦闷，自然也就渴求更新更好的玩具。

对于爱买玩具的孩子，我们要做的是因势利导，堵不如疏，逐渐帮助他们摆脱玩具的诱惑。

叛逆期方法指导

方法一：因势利导，堵不如疏

有这样一则动物实验：

实验人员把一只青蛙放于沸水中，它即刻纵身跳出；如果把一只青蛙放进温水里，它会在里面舒舒服服地待着。然后，实验人员再慢慢加热使水升温，即使温度升至80℃，青蛙也会若无其事地待在水里，不愿动弹。当温度继续上升至90℃～100℃时，青蛙就会变得越来越虚弱，当它发觉自己已经不能待在这水里，需要跳出去时，却已经失去逃脱的能力了，最后只能成为一只煮熟的青蛙。

在第二种情况下，青蛙为什么不能自我摆脱危险呢？这是因为青蛙部内感应自下而上威胁的器官，只能感应到激烈的环境变化，而对缓慢的、渐进的环境变化无法做出及时感应。这种现象在心理学上称之为“青蛙效应”。青蛙效应告诉了我们一个道理：生于忧患，死于安乐。

因此，对于爱偷钱买玩具的孩子，千万不要一味地责骂，甚至殴打，这样，反而容易激起孩子的逆反心理。应该因势利导，慢慢疏通，就像温水煮青蛙一样，让他们逐渐改掉这个坏毛病。如果孩子爱买、爱玩模型玩具，这表明他的右脑比较发达，有着较强的动手操作能力，我们不妨引导他从这个方面去发展。比如，让孩子参加模型拼装比赛，使他有机会一展所长。

对于七八岁的孩子来说，玩具没有贵贱高低之分，只要他们觉得有趣，那就是好玩具。因此，我们教孩子制作玩具，在制作玩具的过程中，会给孩子带来巨大的快乐。比如，用果壳做一盆插花，用报纸撕一个面具，用橘子皮做一盏小灯，等等，都可能让孩子玩得比玩其他任何昂贵的玩具都来得开心。

方法二：教会孩子如何与伙伴友好相处

要让孩子知道，他所拥有的玩具并不能决定他的能力，以及他在同伴中的地位与威信，只有学会与伙伴友好相处，才能加强与同伴们的关系。同时，我们要教给孩子如何才能与伙伴友好相处的方法。

首先，要让孩子学会乐于助人，要教育孩子，帮助别人，其实就是在帮助自己。比如，当有同学遇到困难，要及时伸以援手；当有同学遭受挫折，要及时给予安慰……我们时刻为他人着想，肯定会受到同伴的欢迎和喜爱，那么你的地位和威信自然就建立起来了？

同时，我们还要教育孩子多一点谦让与宽容之心，只有懂得谦让与宽容的孩子，才会知道理解和尊重他人，才会有爱人之心，有容人之量，才能受到同伴的欢迎和接纳。

此外，我们还要教育孩子：要懂得与人分享。要让孩子知道，分享其实并不是失去，而是一种互利。分享代表了自己对别人的关心与帮助，自己与人分享了，别人也会回报自己同样的关心与帮助。

只要孩子能够与伙伴们友好相处，赢得大家的喜爱与接纳，一个小小的玩具还有何用？

方法三：改变孩子的“贪婪”习惯

七八岁孩子的“物质欲望”是很强的，无论买多少玩具都无法让他们真正的满足，只有改变他们的“贪婪”习惯，对他们进行价值观的教育，才是最有效的办法。

七八岁的孩子，往往不知道钱是怎么来的，也不知道应该怎样正确地对待钱财。我们应该告诉他：钱是经过爸爸妈妈辛辛苦苦上班挣来的，这个钱是用来供全家人吃、穿，供他上学的，如果没有钱，童话书就不能买了，兴趣班就不能上了，旅游的计划也要取消了……因此，要节约花钱，不能买过多的玩具。

当然，要培养孩子对金钱的健康态度，也不是一蹴而就的，我们需要有极度的耐心，将正确的理念一点一滴印在孩子的脑子里，逐渐地让孩子养成正确的金钱观。

方法四：培养孩子广泛的兴趣

其实，孩子热衷于买玩具，可以说是他们的兴趣，也是他们获得快乐的一种方式，只是他们的兴趣太单调了。如果一个孩子的兴趣过于单调，比如，他的兴趣仅仅停留在玩具上，那么这样的孩子成长过程是不健全的，而解决的办法就是让孩子拥有广泛的兴趣。

兴趣是可以培养的。我们可以有意识地让孩子接触各方面的事物，如动物、植物、机器、建筑、艺术等，鼓励他什么东西都去看一看、听一听、摸一摸，从中激发孩子对某一事物的兴趣。我们要经常带孩子走出去，多与人接触接触，接触人多了，他人的兴趣、习惯往往也能对孩子产生影响。比如，经常接触某位喜爱书法的亲戚朋友，孩子就可能会受亲戚的影响，出于崇拜而模仿，使亲戚的兴趣变成他的兴趣。

毕竟，七八岁的孩子，因为年龄比较小，他们对有兴趣的事情，一开始往往只凭好奇和热情。因此，要及时引导他们从兴趣中探索和思考，使其保持兴趣的长久性。孩子拥有了广泛的兴趣，就必定会分散对玩具的注意力，不再过分地依赖玩具。

孩子为何贪玩、不知道回家

叛逆期案例

瑞瑞今年上小学三年级了，是个特别爱玩的孩子，每天下午放学以后，总要在外面玩一会儿，有时候天都已经黑了还不知道回家，经常都是爸爸妈妈在外面把他给找回来。

一天晚上，瑞瑞的妈妈在家准备晚饭，看着别的孩子三五成群地都放学回家了，就是不见瑞瑞的身影，看着饭都烧好了，还不见儿子回来，妈妈心中着急，这小子又去哪儿玩了？

又等了半个小时，仍然不见瑞瑞的踪影，妈妈只好换上鞋出去寻找，但是在他平时喜欢玩的地方都找遍了，还是不见儿子的影子。最后忙乱地跑到了一个市场里边，才终于发现了儿子的身影，只见他操着一根长长的杆在打台球，妈妈的气真是不打一处来，刚比台球桌高了一点，就在玩台球。于是，跑过去一把把他拉回了家。

到家后，妈妈怒气冲冲地问：“你就知道玩，都几点了，你还知道回家吗？”瑞瑞低着头说：“我觉得台球挺好玩的，玩着玩着就忘了时间了。”

妈妈看着这个贪玩的儿子，心里很是担忧，这么贪玩，将来会有出息么？有什么办法制止他呢？

妈妈要懂的心理学：对于七八岁的孩子来说，玩就是一种学习

相信很多父母身边都不乏这样的孩子：特别爱玩，每天放学后一定要玩个够才想起回家，有时候甚至要硬拖着才知道回家；周六、周日更是贪玩得没边，早上一醒来，就跑出去玩了，中午也不回家吃饭，晚上吃完饭，想让他好好做一下作业，但是他又拿着滑板出门了……孩子贪玩的毛病的确令许多父母挠头，虽然他们也承认爱玩是孩子的天性，但是他们更担心孩子如果贪玩成性，学习怎么办？将来怎么办？

贪玩，是孩子的通病，没有不愿意玩的孩子。对他们来说，玩是人生的第一件大事，要玩的话，最好是只有开始，没有结束。对于七八岁的孩子来说，他们对这个世界的人和事物都充满着好奇，他们需要探索，他们需要学习，而玩就是一种探索和学习。的确，他们在玩的过程中也不知不觉地学到了不少知识。

孩子贪玩，与父母的溺爱也有关系，有些父母溺爱孩子，让孩子随心所欲地玩耍，结果助长了孩子的贪玩心理。有的孩子因为学习不太好，缺少学习的兴趣，于是就把注意力转移到了玩上。还有些孩子是因为受到同学的影响，如果周围的同学都比较贪玩，那么他也会渐渐地养成贪玩的习惯。

玩耍，本是孩子的天性，是孩子增长知识、陶冶情操的主要途径，孩子可以在玩的过程中体验成长，实现发展。但是，七八岁的孩子缺乏良好的控制能力，有时候并不能很好地把握玩的度，让玩耍占据了绝大部分时间，影响到了他们的正常生活和学习。因此，我们既要尊重孩子玩的权利，又要对孩子的贪玩行为进行正确的引导。正如德国教育学家赫尔巴特所说：“每个孩子都存在贪玩的心理，父母要

让孩子在贪玩中学到知识，不能让它成为孩子生活、学习道路上的绊脚石。”

叛逆期方法指导

方法一：不能一味压抑孩子玩的天性

对于孩子贪玩的个性，我们要辩证地看待，既不能放任不管，也不能高压控制，如果一味地压抑孩子玩的天性，结果会适得其反。

有一个八岁的小女孩，平时特别贪玩，学习成绩不是很好，放暑假后，父母为了防止她贪玩，便把她锁在家里让她学习。

她一个人待在家里学不下去，于是跑到家里的阳台上往外看，她发现楼下有许多小朋友在开心地玩耍……她实在是忍不住，就从家里找到一根绳子，想从自家的七楼滑下去，与那些小朋友一起玩。结果，小女孩力气太小，只滑到五楼就因为抓不住绳子，失手摔了下来，结果不幸身亡，父母因此悲痛不已。

为了防止孩子贪玩，这样把孩子锁起来是不行的，即使我们可以锁住孩子的身体，却无法锁住孩子的心。要认真地分析孩子贪玩的原因，正确地引导孩子，给予孩子充分的关心和帮助，只要方法得当，就一定能够帮助孩子摆脱贪玩的心理。

我们最好能抽出一定的时间和孩子一起交流、玩耍，在玩耍的同时注意引导孩子怎么玩，帮助他们在玩耍中增长知识和才干，让他们玩出名堂、玩出质量。总之，要通过玩来激发孩子的求知欲，寓教于乐，使孩子从单纯的贪玩转为对知识的渴求。

我们还可以适当购买一些孩子非常喜爱的玩具，或书画之类的读物，让孩子对家里时常有一种新鲜感、依恋感。时间久了，孩子贪玩不回家的缺点就会逐步得到改正。

方法二：培养孩子的学习兴趣

很多孩子之所以贪玩，主要是因为对学习不感兴趣，把学习看成是苦差事，而玩却能给他们带来学习中没有的快乐。如果孩子对学习感兴趣了，也就不会把过多的精力放在玩上了。经常可以看到，有的孩子对电脑很有兴趣，他就愿意自觉主动地看许多计算机方面的书籍，贪玩的习性就会有很大的改善。因此，我们要想办法提高孩子的学习兴趣，并加以引导和培养，从而改变孩子贪玩的习惯。

龙龙是一个三年级的小男孩，非常贪玩，经常玩到吃晚饭的时间还不回家，回到家也不想做作业，老想着看动画片，还经常跟妈妈抱怨学习一点意思都没有。

妈妈知道了龙龙贪玩的原因，决定想办法提高他的学习兴趣，以帮助他改掉贪玩的习惯。妈妈后来发现，龙龙对英语很感兴趣，于是就给他报了个英语兴趣班，龙龙参加培训班以后，对学习英语的兴趣更浓了，而且还带动了对其他学科的学习兴趣，贪玩的毛病也得到了很大的改善。

可见，使孩子尝到学习的乐趣，是约束他贪玩的关键。要提高孩子的学习兴趣，首先要使他尝到成功的滋味。我们可以先给孩子确定一个较低的学习目标，并给以切实有效的帮助，让孩子顺利达到这个目标，使他获得成功的体验。成功的体验可以极大地提高孩子的学习兴趣和自信心。

另外，最好能为孩子找一个爱学习的伙伴。同龄人之间的影响是极为重要的。大部分的孩子效仿性极强，只要有一个好的榜样在身边，他们就会产生希望变好的内在动力，逐渐喜欢学习起来。同伴的力量有时甚至比父母的说教、打骂更有效。

身教胜于言传，父母是孩子最好的榜样。鲁迅曾说："读书人家的孩子熟悉笔墨，木匠的孩子会玩斧凿，兵家儿早识刀枪。"如果要孩子对学习产生兴趣，首先要让他们知道，自己的父母很喜欢读书看报，求知欲很强，并且每天都在不断地学习。整日沉溺于打麻将、打牌、看电视的父母，是很难教育出爱学习的孩子的。

方法三：挖掘孩子其他方面的兴趣

挖掘潜能培养某一方面的兴趣对贪玩孩子的转变是非常重要的。每一个孩子都是有特长、有天赋、有潜能的，我们只要留心，总会找到自己孩子的某些天赋和特长，只要加以引导和鼓励，孩子就会兴趣大增，从而转移注意力，把玩耍放到次要位置。

那么，我们应当怎样在生活中挖掘和培养孩子的兴趣、爱好和特长呢？

首先，我们在平时注意观察孩子的活动，发现其兴趣和天赋，善加引导。比如，有的孩子喜欢音乐，七八岁的年纪，对音符就有近乎完美的感受；有的孩子记忆力很强，对看过的东西过目不忘……如果孩子表现出对某一种事物的兴趣或在某一方面的天赋，我们不能熟视无睹，更不能横加指责，而应该因势利导，使孩子的兴趣得到最大的发挥。

其次，要经常与孩子进行交流，尊重其兴趣和爱好。比如，有的孩子对家里新买的东西总是非常喜欢，不厌其烦地摸摸这，摸摸那；有的孩子为了得到自己喜欢的东西，如某个动画片、飞机模型等，宁愿放弃好吃的东西……此时，我们应尊重孩子的意愿，与他们交流感情，挖掘他们的才能和兴趣并加以正确引导。

此外，还要善于对孩子进行鼓励和表扬，保护和激发孩子的兴趣。比如，孩子在家里练习书法，弄得到处都是墨水时，千万不要发火，甚至加以制止。而应时时关心、询问，给予肯定性评价，加以鼓励。这样可以增强孩子的自信心，激励他把字写得更好。久而久之，书法就会成为孩子生活的一部分。

挖掘、培养孩子兴趣、爱好和特长的方法有很多，我们应根据自身不同的条件，与孩子的不同表现，因人而异，因材施教，逐步培养孩子的天赋和特长，让他们与贪玩说拜拜！

教孩子学会倾听需要一个长期的过程，我们要做的是不放过任何一个细小的环节，不厌其烦地进行耐心教育。